个人 IP 是设计出来的

如何打造个人超级 IP

齐 胜◎著

中国商业出版社

图书在版编目（CIP）数据

个人IP是设计出来的：如何打造个人超级IP / 齐胜著. -- 北京：中国商业出版社，2023.6
ISBN 978-7-5208-2498-9

Ⅰ.①个… Ⅱ.①齐… Ⅲ.①网络营销 Ⅳ.①F713.365.2

中国国家版本馆CIP数据核字(2023)第092110号

责任编辑：郑 静

策划编辑：刘万庆

中国商业出版社出版发行
（www.zgsycb.com 100053 北京广安门内报国寺1号）
总编室：010-63180647　编辑室：010-83118925
发行部：010-83120835/8286
新华书店经销
香河县宏润印刷有限公司印刷

*

710毫米×1000毫米　16开　13.5印张　160千字
2023年6月第1版　2023年6月第1次印刷
定价：68.00元

****

（如有印装质量问题可更换）

序

把热爱运营成事业，把自己做成产品

在这个人人都是自媒体的时代，IP已经变成了一个价值符号、一个具备共同特征的群体、一部自带流量的内容。无论是一个普通的职员，还是一名家庭主妇、一个卖花的小店主、一个线下门店的导购员，都可以把自己的热爱运营成事业，把自己做成一个产品或品牌。个人IP就像一张名片，一张向陌生人递出的信用名片。个人IP积累到一定程度可以成为影响力，成为变现的重要途径。个人IP一方面可以增加收入，另一方面还可以让个人有目标规划，从而不断驱动自己向更深的领域、更大的舞台迈进。

从来没有一个时代像互联网时代一样，让我们有多维度、多平台去展示和经营自己的机会。通过打造个人IP品牌，来凸显自己的价值。这个时代，不仅有个人价值上升通道的长度和深度，更有罕见的赛道宽度。这个时代，个人不再只是组织中的普通或不普通的一员，还可以用更多元的身份去体验世界和实现自我。这个时代，每个人都有可能站到人生的金字塔顶端看美景，方式就是打造自我品牌，创建个人IP。

如果给个人IP下个定义，那就是围绕一个人人格魅力和成就而形成的

个人 IP 是设计出来的

专属于他的独特叙事体系和方法论。而且在他的领域里有一定的话语权，且对一部分受众有着较强的影响力，而这种影响力又最终成为资源和变现的途径。

个人 IP 的出现赋予了品牌新的内涵。品牌不再如高高在上的奢侈品般遥不可及，品牌第一次成了个人唾手可得的个性化标签。这样的标签可以通过网络迅速传播，从而影响更多志同道合的新个体。

个人 IP 的打造主要有两个策略：一是选择适合自己的赛道并做出差异化；二是选择"细分领域 + 专业知识"模式。在选好赛道和明确自己的定位后，可以圈定领域，输出优质内容，打造影响力。

当一个人打造的品牌 IP 除了能够解决流量问题，还能解决认知问题以及信任问题时，就能提高转化率。个人品牌 IP 是目前最有效的互联网连接器和流量入口。

真正想要赢得用户，让个人 IP 发扬光大，就要不断输出优质内容，通过各种渠道持续不断分享、不断利他、不断提供价值，进而触达并影响用户，让更多的用户可以通过你的个人 IP 内容、你提供的价值、你的品牌形象去看见你、认识你、了解你、熟悉你、认同你、信任你，进而"购买"你。如此，才能真正实现"把热爱运营成事业，把自己做成产品"的目标。

本书不仅探讨了个人 IP 的内涵与核心，更就如何打造一个有影响力的个人 IP 提出了自己的主张。个人品牌 IP 是以定位为中心，围绕着内层的长期利他、提供价值、增强信任，以及外层的渠道引流、输出内容、用户运营、变现赢利去打造。这就是一个较为完整的打造个人品牌 IP 的闭环，也是个人品牌 IP 的赢利逻辑。

未来，尽管我们做不了"每个人都是自己的CEO"，但起码可以在"每个个体都有自己的品牌"上做出更多尝试和可能性，这就是个人IP要进行打造和设计的意义。

齐胜
2023年2月于广州

目录

第1章
个人IP的内涵与核心

个人IP ≠ 自媒体 / 2

个人IP ≠ 网红 / 5

个人IP ≠ 粉丝数量 / 9

个人IP ≠ 知识产权 / 13

个人IP ≠ 单纯模仿 / 15

个人IP 是圈层影响 / 19

个人IP 是意见领袖 / 22

个人IP 是释放价值 / 26

个人IP 是辨识度、知名度、专业度和信任度的综合体现 / 29

个人IP 是独特赛道中的差异化表达 / 31

第2章
打造个人超级IP的价值

普通人逆袭的通道和方式 / 36

放大自己的个人优势 / 39

展现独特风格帮助别人 / 42

提升能力，收获更多资源 / 43

聚焦流量，实现精准变现 / 46

个人 IP 更契合时代发展 / 48

第 3 章
个人 IP 塑造方法论

我是谁，梳理自身优势与特长 / 52

做什么，定位自己的 IP 方向 / 55

怎么做，文案、选题、封面的设定 / 58

谁来做，给个人 IP 一个角色定位 / 61

在哪做，选平台定基调 / 64

如何做，多平台运营和及时有效复盘 / 68

赚多少，以终为始变现为王 / 70

值多少，你带给别人的价值决定 IP 的价值 / 74

第 4 章
打造个人 IP 需具备的能力

表达欲，想说敢说乐于分享 / 78

影响力，自带气场成为意见领袖 / 80

统一性，人设和内容要和谐一致 / 84

稀缺性，与其更好不如不同 / 86

专业性，让人信服的知识才是硬通货 / 88

情绪力，调动粉丝情绪才有凝聚力 / 90

"说人话"，表达观点要能让人听得懂 / 94

第5章
个人IP内容脱颖而出的秘密

确认自己的知识领域和兴趣所在 / 98

具备解决别人痛点和需求的价值 / 101

吸引人的标题能够提高内容打开率 / 104

能被搜索到的标签和关键字 / 108

根据粉丝群体打造垂直内容 / 111

对内容有信心并力求与众不同 / 114

第6章
个人IP的底层逻辑是信任

为目标用户画像并让他们产生信赖 / 118

个人IP赢得信任的基础 / 123

成功打造个人IP的核心 / 125

能互动的粉丝才能转化 / 128

打动用户离不开讲故事 / 131

第7章
个人IP可选择的流量入口

想让内容有流量,就要明白平台算法 / 136

通过宣传与推广引流 / 138

公众号精准引流,吸引意向客户 / 141

抖音私域引流 / 143

玩转社群引流 / 147

短视频吸引流量 / 151

直播间引流涨粉 / 154

重视微信生态流量积累 / 157

打通线上 + 线下的全域流量 / 161

第8章
IP的终极出路是变现

直播带货 / 166

承接广告 / 169

短视频 + 电商 / 173

好物分享变现 / 176

知识付费 / 178

创造价值，打造社群经济 / 181

第9章
个人IP的成功离不开坚持和努力

超级个人IP离不开持续性输出 / 186

不要急于求成，坚定不移走下去 / 188

不断学习，输出倒逼输入 / 190

跟有结果的人学习，借鉴失败的案例 / 193

通过IP打造形成个人品牌 / 197

个人IP打造实现自流量创业 / 199

后记：作者故事 / 202

第1章
个人IP的内涵与核心

个人IP ≠ 自媒体

提到个人IP，人们首先会想到自媒体，诸如个人公众号、小视频主、抖音、快手、小红书博主等。事实上，个人IP不等同于自媒体，二者虽有联系，但依然有很大区别。很多人会认为，打造个人IP就是做自媒体，其实这是一种片面的看法。事实上，打造个人IP等于创业，打造个人IP或可以称为个人品牌的建设，并不等同于自媒体。

试想一下，在没有互联网的时代，很多具有影响力的人已经拥有了个人标签，他们实现了个人品牌的打造，而这并不是通过自媒体实现的。例如，美国著名的NLP大师安东尼·罗宾，他是通过写书的方式走进大众视野的，最终收获了大批粉丝，开起了培训大会，实现了个人价值的成功变现。

所以，在没有自媒体的时代，有不少人也可以通过其他的工具或途径来打造个人影响力。自媒体可以被视为这个时代的工具，仅此而已。

所谓自媒体，就是任何人都可以随时随地记录和发表自己的观点，分享自己的生活，获得一些读者和粉丝。90%的自媒体是无法形成独特的个人符号和差异性的，更不要说通过自媒体进行变现和持续变现。而个人IP却是一个价值符号，一条能够带来持续流量和变现的通道。这是二者最大的区别。

如果自媒体的段位属于2，那么个人IP的段位起码要在6以上，比如那些书单号、剪辑号、搞笑剧情号、日常生活号都属于自媒体的范畴，但它们很难形成个人IP。自媒体只是手段和工具，也就是说，未来不会做自媒体的人相当于当年不懂电脑的人，而会做自媒体也不等于就会打造个人IP。用一句简单的话来概括：想要赚钱，离不开自媒体这条途径，但只有真正建立起个人IP，才真正建立了竞争壁垒。因为个人IP不是一个工具，而是品牌和无形资产。

举一个简单的例子：

以抖音平台为例，如果把抖音看作一艘游轮，上面的每一位主播代表各个不同的房间，无论是制作美食还是传播知识，只代表各个房间的不同特色，而真正能让别人从某个房间里找到价值和解决问题的方法，并且这个房间和其他房间不同，人们愿意为了这份不同而买单，这才是个人IP。

比如做测评的自媒体有很多，而形成了个人IP的当属"老爸测评"。"老爸"当时只是为了保证女儿所使用的学习用品是安全的，于是把女儿用的包书皮拿到相关机构去检测，结果发现大部分包书皮是不符合生产标准的，里面含有的有害物质会影响儿童的身体健康。这件事在家长群里引起强烈的反响，逐步被媒体曝光。由此，"老爸"开始了自己的测评之路，越来越多的家长开始关注他、信任他。由于检测费用的开支，"老爸"在家长群的支持下，走上了电商之路。消费者先知道这个人，然后才知道他的淘宝、天猫店铺，这就是IP。流量不是在平台上花钱买来的，而且由于个人隐私保护条例的出台，商家是看不到消费者的电话号码的。这种流量就是私域流量，然后通过卖货来变现。

自媒体是时间杠杆，是放大器，是链接客户的工具；而个人IP是建立在自媒体这个工具上的进一步商业思维。

自媒体的核心是内容创作、内容输出，重前端轻后端，属于C2B模式；个人IP的核心是营销和包装，轻前端重后端，属于B2C模式。打造个人IP需要像做自媒体一样写文章、录视频，但是打造个人IP的目的非常明确，就是为了营销，为了后端的产品和项目变现。所以，打造个人IP，前端对内容的质量要求比较高，反而对数量要求不高。

如何判断你是单纯的自媒体还是个人IP呢？首先要有一定的粉丝数量，如果没有一定的粉丝基础，则是不会有变现的可能的。其次看你有没有持续的内容输出，唱一首歌就火的大有人在，但是唱一辈子歌火一辈子的人寥寥无几，一部电影再经典也不算IP，让别人持续关注你，有持续的内容输出，才叫IP。最后看你的IP能否变现，如果你有几十万粉丝但是没办法变现，没有更多地与粉丝交流互动，跟粉丝的黏性不够，那么你充其量算一个自媒体大号，而不算IP。

所以，记住一个原则：在你没有成为一个独立的个人品牌之前，自媒体是你选择表达的渠道和工具，如果你仅仅是一个自媒体大V而没有通过自媒体赢利，就不能算打造了个人IP。个人IP一定是在自己有了影响力之后给你带来源源不断资源的那个东西。可以说，个人IP=可以带来收益的价值和资源。

个人IP ≠ 网红

很多人觉得个人IP就是网红。所谓网红,就是在网络上某一段时间比较火,比较知名和有更多的关注度,但仅限于某一个时段。能够成为"网络红人",是因为自身的某种特质在网络的作用下被放大,与网民的审美、审丑、娱乐、刺激、偷窥、臆想及看客等心理相契合,有意或无意间受到网络世界的追捧,成为网红。因此,网红的产生不是自发的,而是在网络媒介环境下,借助网络推手、传统媒体及受众心理需求等利益共同体综合作用下的结果。

很多人看到网红那么出名,可以开直播收粉丝的打赏,轻轻松松就能赚钱,就把网红认定为个人IP的成功打造者。不可否认,依靠新媒体,不仅有短时间走红的人,也有持续输出专业知识、传播正能量的人。由最初的网红进化到最后的个人IP是存在的,但大部分人前赴后继地闯入这个"圈子",但是遇到一点点困难就坚持不下去,被淘汰的更是数不胜数。所以,从严格意义上来讲,个人IP不等同于网红。

网红和个人IP有非常明显的区别。

1. 定位不同

网红仅仅依靠自身的颜值或特色,有的在表演专业领域比较强,通过出位、颜值、制造新闻事件等娱乐手段获得关注;有的为了博取眼球,不惜利用假大空和出丑态来达到目的。个人IP的定位是要在某个专业领域进行长时间的修炼，在修炼的过程中，通过不断产出粉丝喜欢的原创内容才能获得关注。

2. 受众不同

网红追求关注的粉丝越多越好，有的超级大网红可能会有千万粉丝，而在众多粉丝中猎奇的人居多，他们只是关注了而已，并不会产生持续性的跟进和消费，因而网红无法依靠粉丝实现可持续性发展。个人IP的粉丝可能没有网红的粉丝那么多，个人IP追求的不是粉丝数量，而是粉丝质量，要求粉丝更精准，也更具有黏度和垂直度。

3. 传播效应不同

人们对网红褒贬不一，网红之所以能红，除了具备一定的颜值或靠美颜滤镜打造外，更多地来自包装，比如一些美女主播，她们可以重复表演一样的桥段，跳一样的舞，穿一样的衣服，只不过颜值不一样，表演的方式不一样。这很容易让粉丝在关注一段时间后觉得索然无味而不再关注，因而不能达到很好的品牌效应。个人IP则不同，每一个个人IP如同一个品牌，能够建立起来，不见得经历了一万小时的积累，但是的的确确包含个人的成长经历，要把一个人的职业生涯、个人能力的培养都放在某项技能的修炼里面。

例如，啜口小酒，"江小白"在那儿深情地说："陪你去走最远的路，是我最深的套路……"

这就是个人IP的魅力。

4. 回报不同

短时间的网红得到的回报就是粉丝的打赏、送礼物或者直播带货，经过时间沉淀的头部网红也会依靠广告和电商来变现。由于缺乏积累，网红很难保证长期、稳定的内容输出，更加难以根据受众的需求，对输出的内容进行调整。而个人IP既可以通过知识变现，也可以通过建立社群或知识生产平台（比如打造属于自己的训练营）变现。一个好的个人IP可以延伸到不同领域，如音乐、戏剧、电影、电视、动漫、游戏等，一个具有市场价值的个人IP一定拥有一定的知名度、有潜在的变现能力。个人IP的价值来自源源不断的创造，来自你所擅长的领域中各种内容的展现，来自一家公司或者个人的魅力，每个人都可能成为这个时代某一领域的超级IP。只要你打造出了独特的个人IP，不管你是卖产品，还是卖服务，抑或是接广告，都是变现的途径。

通过以上几点区别，我们可以用最简单的概念来说明网红和个人IP的不同：网红就是有人喜欢你；而个人IP就是有人为你买单，并且能够利用你的能力和知识解决某类用户某个场景的某个问题。如果你秀美食，那么你可能是一个网红；如果你能教人做菜，你就在向个人IP迈进，变现的逻辑就成了可以卖美食课程，也可以卖做菜的食材，或者卖一些预制菜，或者卖一些与美食相关的周边产品，比如厨具、加工食材的电器等。

5. 本质不同

普通人实际上很难成为网红，因为要想成为网红，离不开包装设计，网红需要输出受大众用户喜欢的内容，偏向于取悦用户。而个人IP虽然受众群体小，但是有自己的标签属性，靠的是个人的经历、思维、认知，内容偏向输出价值。成为网红是为了被人喜欢、追捧；拥有知名的个人IP是为了增长业绩，拓展人脉资源。

大部分普通人想做的都是增加粉丝数量，先红起来，认为成了网红就能赚大钱。普通人想成为网红所具备的最好条件也比不过专业团队的打造，即使你拥有几百万、上千万粉丝，在专业团队面前，可能都不如一个几千粉丝的个人IP赚得多。这是因为打造个人IP的人都有自己的事业或企业产品，而网红拥有的只是虚拟数据，他们一旦离开平台就什么都没有了。任何一个平台的流量推送机制都是去中心化，你每发布一条视频后就会进入赛马机制，跑出来转化率，即使你的内容再优秀，还是有90%的粉丝是刷不到你的视频的。这就是说有实体的人发布视频，即使粉丝数量不多，变现渠道也比比皆是，只要视频曝光量越多，咨询的人就会越多。个人IP从发布第一条视频开始就会引来潜在客户，做起来了赚得更多，做不起来也不亏，个人IP对实体来说只是一个附加值而已。打造个人IP的人都是有深度的，做真实的自己去吸引同频共振的用户。

在互联网时代，成为"网红"不应该是一件丑事，重要的是你依靠什么走红、你传递的是什么、粉丝从你的身上获得了什么。优质"网红"给大众推荐产品本身并没有错，也不应该被排斥，重要的是是否依法依规、实事求是、凭良心做事。如果你是这样做的，那么你应该抬头挺胸、堂堂正正。随着网络"清朗"系列专项行动的持续推进，可以先成为一个守法守规的"网红"，再去努力打造个人IP，这是一条可以探索和发展的道路。

个人IP ≠ 粉丝数量

在互联网时代,有一句话深得人心,那就是"得粉丝者得天下",人人都明白拥有了粉丝等同于拥有了变现的基础。要不然,你吆喝得再好,没有观众也无济于事。那么,人们难免会把粉丝数量和个人IP画上等号,认为一个好的IP一定拥有特别大的粉丝数量,是大V级别的存在。其实不然,优质IP的确离不开粉丝,但并不代表粉丝数量多的IP一定是优质IP。

做IP等于做人,你认识1万人,可是有9000人都不认可你,你就不是一个成功的人;反过来,你只认识1000人,但人人都认可你,你就已经很成功了。明白了这个道理,我们就可以说,个人IP不等同于粉丝数量。或者说,成功的IP不依靠粉丝数量,而需要粉丝质量。

很多人误以为关注就是粉丝,也有很多人认为把人拉到自己的微信好友里就叫粉丝。其实粉丝不是简单地在平台上关注一下,那只是一种极其简单的订阅关系,只是平台的一款"数字游戏",仅此而已!盲目追求所谓"粉丝"的数量,会误入歧途。

例如,某平台的疯狂秒榜"抢粉",导致许多人倾家荡产;某平台的疯狂"买粉",导致许多人吃亏上当。很多网红公司不惜一切代价盲目涨粉,后来感叹变现寥寥无几。有人或许会认为,是因为他们没有"精准粉丝",当然也存在这个原因,但是,一旦平台封号限流,我们的"精准

"粉丝"为何就这样无情地消失了？平台的规则一定会不断完善，以微信为例，最近几年整顿规范非常严格，导致一些微商和淘客迅速消亡。

所以，粉丝不是平台上简单的关注，它依然属于平台的用户，不一定属于你。如果你对"粉丝"的概念没有清醒的认知，则很容易失去安全感，一旦时代变迁，又要束手无策。

移动互联网的"自媒体"尤其是短视频直播电商的兴起，个人IP和企业IP的影响力越来越大，粉丝的经济效益也显得日益重要。粉丝其实就是一群特殊的用户，他们对某人或产品品牌所进行的"关注"，不只是想有所了解，还有可能成为潜在的消费者，甚至成为忠实的消费者。而经营粉丝就是进行"用户管理"。你在今后能培养出多少忠实粉丝，你在未来的发展空间就会有多大。

对IP研究有经验的人发现，高格调的IP只有很少的关注者，但他们往往是冷门或高度专业化领域的专家。大家把他们比喻成小池塘里的大鱼，在很多情况下，他们的粉丝只有不到几千人或几万人，但他们的粉丝热情且兴致满满，愿意与他们接触，并听取其意见。

确切地形容IP与粉丝的关系，他们应该是建立在相同价值观上的命运共同体。没有粉丝就没有IP，没有IP也不会有真实的粉丝。粉丝是影响力的一种数字变现，IP是粉丝的精神归宿载体。真实粉丝越多，IP越火；忠诚粉丝越多，为你疯狂的粉丝越多，你就是超级IP。所以，并不是你拥有几千万粉丝就一定是超级IP。一个IP如果没有精神号召力，它就是残缺的，拥有再多的粉丝也只是一个数字，只是一个"自嗨"的幻象，不会具有太多的商业价值。

在各大平台和市场上会做流量的大有人在，他们能轻易吸粉和涨粉，但是不会变现。一个好的 IP 是需要给粉丝做一些价值排序的。你的粉丝里面有多少是精准粉丝,决定了你的内容是否能够真正做到垂直和触达。

在 IP 打造方面有一个理论,叫作 KOL,意思是意见领袖。你不能真正影响那么多人,粉丝再多都不能称为 KOL。换句话说,我有 1000 个精准的关于幼教方面的粉丝与 1 万个五花八门拼凑的粉丝,哪个更具有价值?一定是前者,在我来看,混乱的粉丝构成仅仅比刷的机器僵尸粉要好一点点而已,意义并不大。所以,做一个博主,最重要的就是保持自己的流量是精准的。

给大家几点关于 IP 和粉丝的实战思考。

1. 不要一味地追求粉丝数量,更不要为了追求粉丝数量而不择手段

因为这会让你忘记了其他更重要的事,比如认真做好自己的内容、产品、渠道和传播,最后导致只有粉丝数量而没有精准粉丝,让人一看以为粉丝数量很多,实际却没用。

2. 粉丝只是商业变现的一环

粉丝不等同于客户,给钱的粉丝才是客户。所以,什么样的商业决定你要寻找什么样的粉丝。在加粉之前,一定要清楚地知道你要加谁。

3. 比粉丝数量更重要的是"粉丝质量"

不要花大量的时间和精力去吸纳一些低质量的粉丝,一旦与自己的业务不匹配,不但导致无法变现,还会占用时间和精力。只保留精准付费用户,目标清晰,才能有结果。

4. 粉丝运营的背后是商业的运营,是产品的运营

不要去刻意讨好粉丝,而要想办法提供高价值服务。如果你提供的是高客单价产品,复购率不高,那就提高价格。

5. 粉丝运营的背后是圈子运营

你要时刻提醒你的客户,你推出了什么样的服务。可以建立社群,搞付费群,不要去伤害人脉。

最后,不要在意账号的粉丝数量有多少,那只是一个数字而已,对于变现而言没有任何价值。如果一款产品能够满足所有人的需求,那它注定不是一款好的产品。

未来打造个人 IP 的思路是要打造那种"低粉丝、高变现"的账号,这样的账号一般具备 4 个特点,如果你的账号恰好也具备这些特点,则说明你具有很好的变现潜力。

1. 赛道选得好

这样的账号一般位于垂直领域,吸引的也都是精准粉丝,哪怕只有几千甚至几百粉丝,也不影响每个月的变现率。比如做高端家具的、做高端人士美容上门服务的、做问题性肌肤的,一个月最少能有几十万元的变现效果。

2. 变现逻辑非常通畅

不管是卖课程还是卖产品,不论是做招商还是做服务,都能建立起变现闭环,从引流、产品转化到交付都能走通。

3. 客单价不低、复购率较高

销售优质课程的 IP 基本上定价在上千元,卖产品的私域长期做复购,变现效率非常高。

4. 有很强的 IP 人设和专业属性

比如做知识分享的博主,个人风格很鲜明,展现出极强的个人魅力,给粉丝留下深刻的印象,并且内容的价值感也很强,其专业度获得了粉丝的认可。

以上这些类型的账号往往不以粉丝数量取胜，却能做到"低粉丝、高变现"。

个人IP≠知识产权

个人IP最早的属性是知识产权。IP可以是一本书、一部影视剧，它的背后有着强大的商业价值，也就是变现能力。例如，很多网络写手写了小说，就有人联系他购买版权，以便之后拍成电影或者电视剧，可以享有巨大的商业价值。

IP是知识产权（Intellectual Property）英文的缩写，因此，IP的本质是无形资产的产权与收益权。广义的IP不仅是一种无形资产的权益，也用来识别和指称某个事物。它可以是一部电影，一部动漫，一个人物，一个组织，一个地方（比如故宫），一个物品，一场活动（比如天猫"双十一"），等等。一句话：IP就是一个可以形成无形资产的象征物。它可以是实体的，也可以是虚拟的。

个人IP从IP的概念衍生而来，是个人独有的，具有差异化、标签化的独特印象。个人IP有形象，有情绪，有故事，有特点。它是个人品牌的一部分，可以是个人的一种造型，也可以是个人的一句金句，还可以是个人的一段故事。

个人IP这件事情无论想得多么高深，但说到底就是你会什么，你能

个人 IP 是设计出来的

教给别人什么,是否能够长期输出一项知识。比如你擅长做职业规划,那就从这项技能入手。有了第一个种子用户,就证明这门生意是可行的。又如你擅长穿搭,那就多拍摄一些照片或者视频,打造一个服装测评师类的 IP。

所以,IP 的泛指为知识产权,个人 IP 则是指个人对某项成果的占有权,在互联网时代,它可以指一个价值符号、一个具有共同特征的群体、一部自带流量的作品。个人 IP 的真正内涵就是每个人都是产品,每个人都应该把自己当成这辈子最好的产品去打造。个人品牌就是最好的产品,一旦打造出来,就很难被复制。

例如,大家为什么要购买小米的产品?因为雷军就是一个超级个人 IP。雷军真诚的形象和人格魅力,坚持"价格厚道、感动人心"的产品价值观,获得了很多人的认可,这些认可他的人就会相信他做出来的产品。用互联网思维做产品的小米成长迅速,用很短的时间就跻身世界 500 强,它推出的每一款产品,都有很多"米粉"愿意买单。

还有最近几年在知识付费方面做得非常成功的"樊登读书",是一家以樊登个人 IP 品牌为核心来传播知识的公司。因为先有了樊登这个超级个人 IP,而后衍生出了樊登讲书、非凡精读等营收项目,还拓展了课程业务、出版业务、线下书店。樊登读书既是一个个人 IP 产品,又发展成了一个知识产权产品,以个人 IP 作为起点,发展成了矩阵式产品格局。

以前提到知识产权或品牌建议,大家都觉得是企业或某个团队的事情,现在每个普通人只要有计划、有策略地塑造自己的品牌,把自己当作一个产品来打造,也能形成个人的品牌形象,到时候你这个人本身就是资产,本身就具备了知识产权的要素。例如,我们想到董明珠就会想到格力,想到读书变现就会想到樊登,他们都是成功地打造了个人IP、树立了个人品牌的人。

以前没有一定实力的人是不太可能成功打造个人品牌的,而现在互联网和移动互联网已经为普通人提供了基础的硬件,让每个人都有机会脱颖而出。

想要让个人IP成为真正的知识产权,需要注意以下几点。

1. 完善IP管理

一个优质的IP是讲究整体价值的,主要包括核心创意、内容产品、版权运营、衍生领域等多个方面。内容是其运营的前提,衍生的领域则能够扩大IP的影响力,同时能够增加盈利。

2. 注重IP源头的培育,激发原创IP的活力

原创是一切产业的核心竞争力,IP也是一样的。无论人们怎样包装、炒作,如果没有优良IP核心资源的创造者,那么其他一切手段都只能让IP昙花一现。

3. 采用"互联网+"的营销模式,打通IP全产业链

在"互联网+"时代,在打造和运营IP的过程中,要让传统方式与互联网方式深度结合,加强与渠道的紧密合作、精细化运营,提升IP的总体价值。

个人IP ≠ 单纯模仿

目前从事自媒体的人有很多,互联网上的内容平台也有很多,但其运营模式和内容形式大同小异,这样很容易让观众产生审美疲劳。在个人IP

个人 IP 是设计出来的

尤其是网红市场中，同质化竞争的表现主要体现在内容层次方面，典型特点是同一类型的内容重复、大同小异，而且内容替代性强。也许你今天红了，明天就很快被别人复制并取代了。

很多人连基本的变现底层逻辑都不知道，一味地想要增加粉丝数量，想要打造个人 IP，只是觉得个人 IP 这个词很时尚，一定要架设在自己身上。这些人甚至连一篇像样的文案都写不出来，只是一味地模仿甚至抄袭别人。当然，一开始模仿那些优质的 IP 本无可厚非，但是因为个人 IP 的特性，抄袭和搬运并非长久之计，一旦你的粉丝和客户发现你的抄袭和搬运行为，你的形象在细分领域的群体里就会一落千丈。

所以，一个优质的 IP 不要去刻意模仿他人，而要做真实的自己。哪怕一开始没有很多人喜欢你，慢慢地吸引和你同频的人就够了。可以模仿，但切不可过于陷入同质化。我们可以在生活、学习、工作中发散思维，这样才能制作出有持续吸引力的内容。当然，随着 IP 市场的进一步成熟，会出现更多优质的原创内容，这也是市场发展的大趋势。IP 必须持续地生产内容并衍生到各个领域，才可以实现更多渠道的流量变现，也才能拥有更强劲的生命力。

有时候，你会发现，自己感觉很有用的内容，也选择了合适的首发平台，但在内容的大海里却掀不起波澜。可能原因只有一个，类似的内容太多了，用户没有必要，也没有兴趣再去关注相同的东西。所以，我们必须找到适合自己的内容营销风格与个性，只有独特的声音与视角，才能让内容从大海里冒出头，被用户清晰地记住。

刚刚开始做自媒体或想要打造个人 IP 的新手，模仿和对标一下那些优质的作品内容是可以的，一定不要单纯地模仿和抄袭，而要在"抄"的基础上去"超"。要想真正打造一个优质的 IP，真正重要的是搞清楚自己是谁、有哪些长处，以及你看好对方的地方在哪里。在拿到一个爆款作品后，第一步，拆解对方突出的地方；第二步，一定不要照搬人家的东西，那是抄袭，是有被封号的风险的。你要做的是思考，对方做得好的地方自己是否能做到，甚至超越对方？对方做得不对的地方自己是否能够避免？

一个 IP 想要出彩，一定要避免同质化的内容。内容同质化一般表现在以下几个方面。

1. 标题近似

例如，想表达"如何避免内容同质化"，将标题设定为"揭秘内容同质化最简单的方法""四招解决内容同质化""最新方法解决内容同质化"等，这样的标题几乎没有差异，肯定无法引起关注。

2. 内容雷同

虽然在文字描述方式上不尽相同，但所表达的意思一样，或者大部分观点雷同，只注入了一部分个人观点，这就是我们平常所说的伪原创。在快手和抖音平台上，经常看到一人分饰两角的短视频，初次看到还觉得新鲜，但是看到两个或多个类似内容就失去了兴趣。

3. 配图相同

如今，很多自媒体采用免费网站上的图片，难免会出现相同的作品配图。作品要想出彩，一定不要偷懒，一幅花费了心思的封面图会事半功倍。

一旦内容太过雷同，不但无法吸引观众的注意力，还会降低作品的竞争力。只有"与众不同"的内容，才会产生自动传播效应。只有了解自己的用户群体，从用户的文化、喜好出发创造出的内容才能产生共鸣，利用便捷、有效的渠道传播，与用户产生有效的互动，从而一步步地把产品和品牌植入用户的心中。

打造IP如同创业。以前的互联网创业者走的都是模仿路线，只要某个领域有人成功了，马上就有一大批模仿者跟进，利用复制、粘贴的方式就可以赚钱。但是，从2022年开始，大家就会发现，这种玩法不奏效了，在抖音、快手、小红书、B站等自媒体平台上，不管你喜欢哪种类型的内容，平台推荐的内容都千篇一律。而这种同质化现象带来的直接后果就是变现越来越难了。如果没有一点真正特殊的内容，不在相同的赛道里找不同，那么你是没有卖点可言的。

现在做直播的平台和人都非常多，只有与众不同才能吸引粉丝。所以问问自己，同一款产品，你能用哪种方法讲得更出彩？同一个领域的内容，你讲的和别人讲的有什么不同？可能是你的讲解更深入，也可能是你给出的案例更生动，还可能是你的表现形式更好（比如你会制作动画，你的声音特别有磁性，你的形象容易让人印象深刻）。差异性才是长期吸粉的关键。差异性可以通过不断学习创新的办法来实现，比如你的视频录制得更清晰、音频中的噪声处理得更好，这些都是差异性，都是优势。

差异性不仅仅是个人的差异，还需要寻找你想进入的领域的差异。无论是电商带货IP还是游戏IP，无论是户外IP还是娱乐IP，要列出市场对你想进入的领域的所有需求，然后找到消费者的兴趣点，尽可能地发挥想象力，分析竞争对手，找到对应的人群。

所以，不要一味地模仿，而要寻找差异性，最好根据自己的受众人群来进行差异化的定位。如果你想要打造的个人IP已经有人做了，那就加入一些新的、属于自己的元素，让自己的IP变得独特、好记。

个人IP是圈层影响

圈层是由某一兴趣领域拥有相同爱好、价值观的社会群体相互联系、沟通形成的小圈子。将这个圈子里的人作为目标群体，有针对性地影响他们，并由此发展成消费者，就是圈层影响。

在信息爆炸的时代，我们只能接收自己感兴趣、有态度、同爱好和价值观相同的信息，这就使得在世界各地寻找跟自己的兴趣、态度、爱好、价值观相同的人变得越来越容易。当我们只愿意跟兴趣、态度、爱好、价值观相同的人接触的时候，社会便开始圈层化，人也开始圈层化。

圈层文化的形成又会造成每个圈层都会有自己的权威人士，这个权威人士出圈之后就变成了IP。这个完整的过程就叫作圈层的崛起，所以这个时代是一个个人IP时代，最终个人IP也会凭借自身的吸引力，挣脱单一平台的束缚，在多个平台上获得流量分发，就像李子柒，在很多国内甚至国外平台上都能看到她分发的内容，也都有不错的粉丝数量。这就是一种圈层的影响。

打造个人IP的终极目标就是建立属于自己的私域流量，但并不是说随便找一群人"圈"起来就能形成一个私域流量池，也不是说"圈"起来的用户就是你自己的，对你言听计从。持有这种观点的人，显然只有对"量"的理解。你触达用户了吗？并没有。这里面缺少了一种"从流量到用户"的思维。

"回归对用户的理解"上去，要问问：你的用户在哪里？你把什么样的人拉到了私域流量池中？按照重要程度排序，依次是核心用户、重复购买用户、首次购买用户、有需求用户、有类似需求用户、市场用户。

这是一个圈层社交的时代，如果你能够在网络上打造自己的影响力，获得平台的信任背书，那么你的IP就是你通行各大圈层的名片。

做什么事都有原则，圈定领域做自己也是如此，打造个人IP就是要圈定一个圈层，然后去影响圈层里的人。我发现很多早幼教机构的老板并不知道公众号粉丝的价值和转化方法，这些老板需要的不是用户数量，而是立竿见影的回报。在想明白这个问题后，我就开始想，与其帮他人做嫁衣，不如经营一个属于自己的媒体品牌，去影响属于自己的一个圈层。于是，我很快注册了公众号"早幼教公社"，并成为公众号主理人。作为早幼教行业里较早出现的自媒体，加上媒体人的出身，我通过采访、挖掘早幼教行业里闪光的人物故事、分享自己对于行业的观察和理解，为早幼教公社吸引到一大批粉丝。经过一年的时间，托育星球已经在全国30多个城市采访了50多位托育品牌创始人，走访了数十个托育园所，而在我的计划里，还要完成100家品牌的走访，以及100场直播宣讲。

在各大平台里最赚钱的就是流量结合电商思维，很多人匆匆忙忙入圈，只是看准了流量，却没有想好怎么做闭环模式、做电商、进行付费交易。这也提醒着我们，从此刻开始，要做一个有目标的人，凡事预则立，不预则废。秩序背后对我们的要求越来越严格。但是，万事万物都是有迹可循的。我们要快速学习，成为那个懂得游戏规则、有底层逻辑的人。

想要让IP对圈层产生影响，就要明白圈层所呈现出来的特征。

1. 文化认同

同一圈层的消费者拥有相同的兴趣爱好及价值观，以此形成独特的社区圈子并发展成一种圈层经济。

2. KOL 带动

在新媒体时代到来之后，见证新媒体商业发展的消费者保持着较高的风险意识，所以，在信息爆炸的时代，他们对商业品牌的信任感不断下降。相比品牌开展各类宣传推广，消费者更愿意相信社交圈内产品的口碑，愿意相信圈中 KOL 的意见。

3. 个性定制原创

不同阶段的消费者，愿意为彰显自己个性的产品以及定制原创内容和服务买单。

所以，个人 IP 的核心是"个人"，每个个体都有固有的阶层和调性，有其独特的生活和文化背景，有属于自己的性格和温度，未来的社会将由一个个小小的圈层构成。未来，人们不需要大众偶像，也就是说，你不需要在某个领域成为专家或教授级别的人物，你只需要在你的小团体里做到专业就可以了。例如，你在职场里是一个制作 PPT 的高手，在妈妈群里是一个做宝宝辅食的高手，在闺密圈里是最懂穿衣打扮的人，那么你就可以在小范围里影响别人，影响力就是价值，有价值就可以变现。你想象不到一个卖渔具的大爷能够年入几十万元，这就是未来 IP 对于圈层的影响。

个人IP是意见领袖

什么是意见领袖呢？简单理解就是特定领域的专家，他们的影响力源于自身所能提供的专业知识以及大众对其专业性的认可与信任。意见领袖的信息传播活动能够帮助受众辨别信息的真伪、判断信息价值的大小，也能引导受众透过信息表象认识事物的规律和本质；反过来，意见领袖也需要从受众的反馈中来把握自身角色的定位及行动的方向，对表达方式做出适当的调整，以更好地契合受众的信息需求。

意见领袖通常发挥着加工和解释、扩散和传播、支配和引导、协调或干扰的作用。他们通常具有4个特征：（1）与被影响者处于平等而非上下级关系；（2）不集中于特定的群体或阶层，而是均匀地分布在社会上的任何群体和阶层中；（3）影响力一般分为"单一型"和"综合型"；（4）社交范围更广，拥有更多的信息渠道，对大众传播的接触频度高、接触量大。

个人IP的打造就是一种具备独特性、相关性和统一性的"标签化"存在。这种存在不但能够凸显与众不同，还可以与他人的需求结合形成情感上的共鸣，以此形成影响力。所以，个人IP也可以被视为一种意见领袖。

假设你是一名营养师，那么你可以给大家提供营养咨询；假设你是一名教师，那么你可以指导大家怎样教育孩子；假设你是一名社区工作者，那么你可以为大家同步最新的利民政策；假设你是一名全职宝妈，那么你可以分享育儿经验、推荐母婴用品等。

在新媒体环境下，意见领袖也是术业有专攻的，他们在特定的领域中安营扎寨，借助网络平台解读并传播专业性资讯，从而积聚影响形成一定的权威性。放眼当下，越来越多的细分领域的意见领袖正不断出现并活跃于网络传播空间中，对普通大众而言，意见领袖的专业知识能够帮助自己减少日常生活中的不确定性，这正是他们关注和追随意见领袖的首要目的。

个人IP对于拥有者来说，是一种能够更容易与周围的人产生链接、建立信任、产生增值的一种无形资产。简单来说，打造个人IP就是将一个人自身的特点放大（包含性格、形象、技能、专业等），进行"标签化"，然后利用某些渠道推广宣传，比如微信朋友圈、短视频平台等；当你拥有了一定的"粉丝用户"之后，如果你能打造好个人IP，那么在产生影响力之后就可以考虑盈利，或者提供某项服务产生利益。

在各个领域中，大家都需要意见领袖，比如流行音乐领域、房地产领域、美食领域等。这些意见领袖为大家推荐音乐、房屋、美食，为用户提供价值，从而拥有了粉丝。因此，个人IP市场很大。互联网平台则是绝佳的载体。用户通过无成本的视频、图文、音频等内容创作，传播个人价值，提升影响力。

意见领袖具备粉丝需求的基因，体现在以下几个方面。

1. 选择最优方案

人们在消费和选择某个东西的时候，往往需要最优的解决方案，而一个好的IP就是为了解决消费者的需求痛点而提出解决方案的。消费者在穿衣打扮、日常消费方面，的确需要多借鉴其他人的经验。网络信息的便利性、日益成熟的消费意识，以及实体品牌只做加盟推销而不关注消费者需求的经营形态，使得更多的消费者意识到意见领袖的重要性。这时候，如果你正好擅长某个方面并且能够输出有价值的参考内容，就会得到受众的认同和关注。

2. 品牌不重视消费者，给了个人 IP 成为意见领袖的机会

很多品牌处于供过于求的状态，他们追求的只是如何多盈利、多销售，而鲜有品牌能够站在消费者的角度去思考，如何让消费者省心？如何让他们觉得物有所值？如何让他们对某款产品更加放心？意见领袖不以个人产品销售为出发点，而以自己怎么选择消费产品为出发点，与粉丝分享自己对穿衣、用品、生活、工作、旅行的态度和个人感悟。不掺杂利益关系的内容更容易让粉丝接受，同时由于粉丝在内容中获得了想要的答案，就会迫不及待地试试方法是否奏效，所以每一次的个人 IP 推送就非常容易得到认可。意见领袖能够通过分享自己的使用心得带给粉丝十足的信任感，与"老王卖瓜，自卖自夸"的品牌立场不同，消费者放下了戒备心理，愿意客观了解、接受建议。

3. 意见领袖能引领时尚消费意识

很多人通过关注一些人在哪里消费、使用什么品牌，从而产生好奇心，尤其通过了解时尚前沿、高端人士的穿着审美、品位、价值观，以提高自己的品位。意见领袖恰恰满足了这种心理需求。

所以，一个好的 IP 一定是能够起到引领、带动、猎奇等价值取向的。

意见领袖有以下几种类型。

1. 垂直领域里的专家

如果你是某个领域里的专家，就要深耕某个细分领域，聚拢比较精准的粉丝，让粉丝愿意为IP付费，这样的IP就具有良好的变现能力。将自身的知名度和影响力转移到线上，自带流量，自带粉丝，再加上良好的线上内容的输出，更能吸引平台给予流量导入。

2. 知名人物

一般自带光环的知名人物本身带有流量和IP的标签属性，比如董明珠、吴晓波等人，很容易成为意见领袖，容易保持粉丝对IP的持续关注和追随。

3. 真实的生活达人

这种类型的人也很容易打造个人IP，一般以记录自己真实的生活或工作为主。比较有代表性的是Vlog视频，其特点是让观众感觉很真实。有了持续输出，就会获得平台的流量加持；有了粉丝量，就不愁变现了。

4. 分享达人

有一类人，虽然自己不生产原创内容，但却是勤勤恳恳的分享劳模。他们将某个领域的内容汇总，然后以合适的方式输出。这种IP值得尊敬，是素人学习的榜样。

所以，意见领袖的产生，是在互联网技术和网络文化的影响下，以创新化的传播方式去传递信息、知识、意见、观点，并在网络平台上形成巨大的影响力以及获得较大的流量关注，最终使意见领袖自身具备网红特质并形成重要现实影响的一个社会再建构过程。

个人IP是释放价值

个人IP简单地理解就是打造个人影响力。要想打造个人影响力，就需要长期不断地释放价值。无论采用何种形式去打造IP，不断地输出对目标用户有用的干货，自然就会吸引一批认可你的粉丝。

在开始创作之前，先要问问自己，我的这篇文章、这条视频、这部小短剧是否能够满足用户的心理需求？用户分享和转发的理由是什么？思考它，强化它！

优质的内容一定是能够给人带来价值、产生共鸣的。如果是视频内容，则在拍摄前一定要设计好你的内容，不要拿起手机就随便拍，一定要让观众观看后有转发、收藏和点赞的意愿，这样的视频曝光率才会逐渐提高。

任何营销高手都是擅长打心理战的，他们明白用户喜欢什么、用户的需求痛点是什么。在找到这些规则后，就可以持续不断地输出此类视频，相信粉丝会越来越多。

例如，我的自媒体号"托育星球"在发布第一条内容的时候，我就在想，我要给我的受众和粉丝带去如何做好托育机构的相关知识，帮助从事这个行业的用户打造品牌IP，努力成为托育行业里的一张名片。我通过分析托育市场的现状、展望托育行业的未来发展态势及运营方式，希望带领大家打造具有民族特色的托育品牌，让那些选择"托育星球"品牌下的托育机构的宝贝们享受到更科学、更温暖的教育。

通过打造"托育星球"，我认识和链接了一些平时链接不到的人，也激活了很多渴望从事托育行业的人，带动了更多的学员前来学习。

所以，想要打造一个优质的个人IP，离不开8个字，那就是"释放价值，无问东西"。把我们知道的、专业的知识免费释放给粉丝，个人IP就会渐渐形成，盈利就成了水到渠成的事。不少人做反了，输出的内容没有任何价值，只想着盈利，谁愿意为没有价值的东西买单呢？在任何时代，为客户创造价值是目标，盈利是结果，钱只是衡量价值的一种工具，是我们的事业成功之后的结果。如果总以盈利为目的，总选最容易的路走，那么你不仅赚不到钱，最后往往无路可走。

打造个人IP等同于开展一场小型的商业活动，你想赚钱，肯定有另一个人花钱，这个花钱的人叫作客户。客户为什么给你钱？因为你有用。客户为什么给你大钱？因为你有大用。客户为什么持续给你钱？因为你持续有用。客户为什么停止给你钱？因为你曾经有用。物以稀为贵。你之所以不贵，是因为平庸。没有独特价值，哪来利润空间？与其追赶流行，不如潜心根本。什么是你的根本？就是你的独特价值，这才是你安身立命的根本。

看一个简单的案例：

有一个人在卖鲜花，而且卖的鲜花还很贵，1朵30元。你会买吗？我觉得我不会。但是最重要的是，他卖的鲜花是有门槛的，门槛条件是非单身不卖，只有单身才能买！为什么呢？通过卖花组建相亲群让用户进来相亲！能够给用户带来的不是单纯的鲜花，更有之后的男女朋友，谁不想试试？所以，做任何事情都要学会反思，今天我能给用户带来什么价值？

很多人都认可我们必须长期坚持输出价值，在前期的时候，会兴致勃勃，觉得自己有很多话想说，有很多干货可以分享，但是经过一段时间后就会怀疑自己，因为自己似乎已经"江郎才尽"了，甚至有些朋友会觉得自己没有任何内容可以输出了。如果你认为输出价值是居高临下地教育他人，那么你的确没有太多内容可以输出，别人也并不需要他人教育自己。很多人都没有意识到自己的价值在哪里。其实，如果你是一个会思考的人，那么你的思考本身就有许多价值。如果你能够将自己的思考有条理地梳理并输出，它就是巨大的价值。每个人都会遇到很多问题，如果我们能够解决这些问题，并推动自己为更多人解决同样的问题，那么我们就可以让更多的人受益。

要想找到自己的高价值定位，首先要问自己以下几个问题。

1. 我热爱的是什么

"你热爱的"是你的兴趣爱好，是做事的动力。

2. 我擅长的是什么

"你擅长的"是你的专业能力，是你能提供的价值。

3. 市场机会是什么

"能够变现的"就是市场机会，也就是赚钱的潜力。

三环交叉的点就是个人品牌的高价值变现点，高价值定位就在这个交叉点里，是让你用同样的时间努力，能够带来更高回报的方向。高价值定位＝兴趣爱好＋专业能力＋市场机会。

个人IP想要赢得信任，除内容过硬外，剩下的就要交给"释放价值"。你是否为别人着想,能否让别人很容易地看到和体会到你带来的价值?你可以平凡而又努力地运营自己的IP,其他的交给时间。

个人IP是辨识度、知名度、专业度和信任度的综合体现

个人IP对于我们自身有什么样的基本要求呢?或者说我们要做好哪些工作,才能让客户认可我们呢?我认为,一个能够走得长远的个人IP离不开辨识度、知名度和信任度。这三个方面,第一,代表你在哪个领域有一定的知名度;第二,大家普遍知道你是做什么的,并且你做得还不错;第三,大家在某个方面信任你、依赖你。

什么是辨识度?比如提到某一行业,大家都会想到的人。一提到中国知名企业家,大家是不是很容易想到任正非、曹德旺?这就是一个人的辨识度。

什么是知名度?比如提起知识+农产品,你会想到谁?董宇辉。人们亲切地形容他是"长着一张颗粒无收的脸,知识让他的灵魂五谷丰登"。他的个人IP让他抢位成功,获得了非常高的知名度。在互联网时代,被用户认识和记住尤其重要。而通过建立个人品牌可以扩大我们的知名度。例如,你可以通过文章或者短视频获得一定的名气。通过形成自己的创作风格、写作特色,持续输出优质内容等方式,让我们的账号扩大影响力、提高曝光度。

当一个人拥有了辨识度和知名度后，随之而来就会让人产生信任感。当你的账号具有一定的影响力之后，当你在某个领域具有一定的名气之后，用户就会对你产生信任感。因此，当你成为某个领域的知名人物之后，就可以利用这个优势来增加粉丝的信任感，获取粉丝的认可，从而提升你在他们心中的地位。关键是要与用户产生积极的互动，及时了解用户的真实想法。

当然，信任度的建立是垂直内容与垂直用户之间一个相互融合的过程，需要持续性的用户深度运营，站在用户需求的角度，为用户的某些痛点提供解决方案，帮助粉丝解决问题；构建私域交互平台，深度链接用户，为用户持续变化的需求创造学习场景；为不同的粉丝打造适配的产品类型；打造用户标杆，树立长期的价值信任。

总之，个人IP是辨识度、知名度、专业度和信任度的综合体现。专业度是知识体系的战略与战术的结合，垂直的内容、垂直的用户，多平台、多层次的表现，短视频、直播是最有张力的表现方式，但底层还是知识体系，需要长时间专注内容产品的打磨。培养专业能力，需要时刻关注行业的国内外发展动态、用户需求、痛点、信息。此外，个人IP要有自己的独到见解，敢于公开表达自己的观点，只要你的观点能够保持连续性，久而久之就能形成自己的风格。

在想好定位以后，一定要从多角度、多维度、多渠道释放自己的特色。这需要从三个方面入手。

1. 标签

在心理学上有一个"曝光效应"，通俗地解释就是我们平时所说的"日久生情"。你必须不断地给自己贴标签，并宣传自己的标签，用户才能记住你，并且越来越喜欢你，这就是在提升自己的辨识度。

2. 形象

形象就像一张无形胜有形的名片，衣着得体、外表端庄不仅是对他人的尊重，也是专业的体现。时间久了，人们就能看到你的专业度。

3. 营销

对于品牌商和粉丝而言，IP的生命力就在于其自身的营销能力。因此，打造个人IP，一定要重视培养自己的营销能力，因为从营销学的角度来讲，无法变现的个人IP都是无效的IP。

打造个人品牌需要长久坚持，很难一蹴而就。在面对一个个岔路口时，你必须勇敢尝试，不断积累自己的专业度，才能遇见更多的财富复利。另外，在长期做知识付费的同时自己也学到了更多知识，它会逐步提高你的认知能力，带来事业上的更多可能性。

个人IP是独特赛道中的差异化表达

任何行业的变化一定是某种程度上市场出现饱和，原本的增长驱动已经不足以继续为新进入市场的玩家提供增长动力，所以开始谋求新的增长点。在个人IP领域同样如此，目前IP已经发展到靠模式驱动的阶段。在这个阶段中，大家都在不停地进行迭代创新，以求比竞争对手获得更大的流量。个人IP必须找到一条独特的赛道，并且进行差异化的表达，才能脱颖而出。

为了谋求生路，很多IP开始大刀阔斧地对自己的内容进行修改，并且会依据IP的风格塑造独一无二的内容模式，这就天然塑造了别人无法模仿的内容壁垒。

那么，差异化表达具体包括哪些方面呢？

一般在大的方向上分为赛道差异、内容差异、人设差异和产品差异。

1. 赛道差异

赛道差异就是定位不同，也就是在定位上要绕开竞争对手，走相反赛道或隔壁赛道。例如，大多数人在做情感咨询，你就做情绪管理；别人都做精致成功的美食号，你就剑走偏锋做翻车类的美食号。另外，可以给自己的赛道进行更精细的划分，使它更聚焦、更垂直。比如，同行都在做健康管理，你就可以做微胖女性的形象管理。别看只加了"微胖"两个字，但它突出了自己的与众不同和优势；别人都在做女装和穿搭的时候，你可以选择做"大码女装穿搭"或"小个子女装穿搭"。定位越细分、越垂直就越有特色，在亿万用户面前，一块再小的蛋糕，只要做得有特色，依然能让自己吃饱、吃好。

2. 内容差异

内容差异可以从两个方面理解，分别是选题差异和呈现差异。选题差异是从不同的认知角度去做选题，可以参考一些另类、奇特的标题，比如"减肥真的要靠运动吗""长得好看的人真的免疫力更高吗"等，观点不论对错，为的是体现出奇特和差异，引起人们的好奇心，并且在表达上能够解释清楚就好。在有了好的选题之后，还要在呈现上下功夫。即使再好的内容，如果只是对着镜头干巴巴地讲，就会让观看的人失去兴趣。可以有一些差异化的呈现，比如可以坐在车里讲、在户外讲、敷着面膜讲、带上一些肢体语言和夸张表情讲，效果肯定会截然不同。

3. 人设差异

你的专业能力可以不是最好的，表现力可以不是最出彩的，但是你依然可以靠差异化的人设脱颖而出。例如，你可以是所有知识付费中最幽默的，是美妆博主里最帅的，是服装博主里最会唱歌的，这样的人设非常容易让人记住。

4. 产品差异

通过各种方法造成足以引发顾客偏好的产品特殊性，使顾客能够把它与同类产品有效地区别开来，从而达到获取竞争优势、占据有利市场地位的目的。比如，同样做奶粉，惠氏主打7种膳食纤维，美赞臣主打4倍DHA，飞鹤主打更适合中国宝宝体质。这就是强调产品的差异化。同样教自媒体，有的人教写作，有的人教小视频制作，有的人教做思维导图和PPT。与其更好，不如不同。产品差异化应该避免盲目追求比竞争对手更好，而应从真实的用户需求出发，做出用户强感知的、有价值的差异化产品。用户的购买行为源于其需求，只有满足用户的需求，产品才能帮助用户解决问题，才具有价值。

个人IP能够在以上4个方面做到差异化，就会拥有竞争力，避免陷入同质化的竞争中而被淹没。

第2章
打造个人超级IP的价值

普通人逆袭的通道和方式

很多人存在一种错误的思维,那就是认为只有能力出众的人才去打造IP,普通人连想都别想。试问,所有的大博主不都是从小博主开始一步一步做起来的吗?他们无不是从无名到出名,从零粉丝到几十万粉丝,在这个过程中,不断成长,小步快走,不断升级。因为普通人足够普通,所以才更应该打造个人IP。做任何生意都有风险,但是打造个人IP这件事,失败了可以重来。打造个人IP不是只有专家、教授、博学的人才能做的事。记住一句话:人人都适合打造个人IP,但并不是人人都适合当网红。个人IP有广义和狭义之分。广义IP就比如明星和大家都熟悉的名人,这类IP的流量属于大而广泛,没有划分细分领域,所以变现模式就有很多种,如接广告、上电视节目、开网红店等。而对于普通人来说,我们更应该打造狭义的个人IP,也就是垂直细分领域的个人IP,比如销售领域的个人IP、母婴领域的个人IP、幼教领域的个人IP等。这类IP是普通人更容易打造的,也更容易变现。即使普通上班族,也需要打造个人IP。打工人是为了获得高工资,以前是行业经验丰富、业绩好的人才能获得高收入,一旦失业重新走向下一家企业,很难用一两句话证明自己的经验丰富。而打造个人IP却可以让更多人知道你,输出你的行业干货、行业思考。所以,不是因为你能力出众才去打造个人IP,而是因为打造了个人IP,才能证明你能力出众。

在有互联网和移动互联网打造创业基础的今天，不是只有明星才可以赢得粉丝的，每个普通人都可以通过塑造个人品牌秀出自己，最后产生价值变现，完成创业梦想。

有人说，创业做传统企业，做10亿元的生意需要最少1000人；创业做电商，做10亿元的生意可能最多需要100人；而网红企业要做10亿元的生意，只需要10人甚至更少。这清楚地诠释了当下打造个人IP影响力的重要性，也从另一个侧面说明了个人IP的崛起给企业和商业带来了不可估量的价值。

越来越多的人意识到创业已经不像过去资源门槛非常高，比如必须具备资金、厂房、技术等原始的硬件资源，现在只要有自己喜好的领域和基本的互联网创业能力，就可以成功打造个人IP。比如，会跳舞、会唱歌、会做饭、做运动等，这些都可以用来作为创业IP打造的定位，实现自己的内容创作。尤其是互联网的出现，为很多普通人的崛起提供了平台和条件，而这些快速崛起的个体也为企业带来了新的发展机遇。通过观察这些快速崛起的个体，我们就会发现，他们有一个共同的特点，那就是他们都有属于自己的个人品牌。因为这个独特的个人品牌，他们快速聚集了一批忠实的粉丝。

我们在各大平台上可以看到，农村大叔也能成为唱歌达人，农村大妈也会成为美食主播，农民工跳舞的短视频播放量破亿。你可以是高学历的、某个领域的专家，也可以是没有学历的普通人，只要你有自己的喜好、特长，就能出彩。农民工可以跳出令人震撼的霹雳舞，小学霸也能讲出令人捧腹的笑话。如今，只要有足够多的人看到，就能实现个人的价值，就可以变现，就有成为"大V"的可能性，这不是因为他们的学历高或能力强，而是因为他们打造出了个人的特色和影响力。

大家对巧妇9妹、石榴哥一定都不陌生。巧妇9妹主要涉足"三农"领域，分享家乡农产品，在视频中给人以朴实的印象，每条视频都有数十万的播放量，粉丝接近400万人。

在有了个人IP形象，取得粉丝的信任后，想要进行短视频带货、直播带货是很容易成功的。巧妇9妹作为一名普通的农村妇女，靠着自媒体短视频，成功逆袭。作为"三农"领域的头部作者，她创造了自媒体改变命运的故事。

所以，打造个人IP对于普通人来说是逆袭的通道和方式。比如，大企业可以打造属于自己的品牌，用来创造更高的价值收益。而对中小型企业、创业者、副业者来说，打造个人品牌可能会非常困难，但是也需要让自己的事业具有较强的辨识度，建立影响力和信任度，这就需要依靠个人IP。对于所有人来说，这都是值得研究和执行的事情。

当今时代，生活节奏加快，消费成本越来越高，如果没有额外的收入，仅靠微薄的工资，很多人都是"月光族"，更别提积累资金用来理财或者创业了。在生活的重压之下，很多人很难再有金钱来支撑学习、投资等开销了。而恰恰相反的是，那些拥有个人IP的人，可能就是你之前看不起的同事，想要创业，不费吹灰之力就能开始，并且获得了不错的效果。

所以说，对于没有资金、人脉的普通人来说，想要创业，想要逆袭，打造个人IP是一条捷径。

放大自己的个人优势

打造个人 IP，说白了就是包装自己、推广自己。无论你是在公司上班，还是自由职业者，打造个人 IP 就是为了放大自己的个人优势，让自己具有不可替代性。

社交网络时代，信息量爆炸、社会多元化、时间碎片化，是一个注意力经济的时代。个人品牌能够让你在纷繁复杂、浩如烟海的信息中脱颖而出；个人品牌可以积聚势能、树立信任，可以让你在快节奏的互联网时代提高社交效率。

那些依靠打造个人 IP 实现自我优势放大的人比比皆是，比如，说到财经商业解说，就能想到吴晓波；说到把农产品带货做到能让人感受到诗和远方，就能想到董宇辉；说到健身锻炼，就能想到刘畊宏……这些人本身就具备一定的能力和特长，如果没有打造个人 IP，那么人们不可能对他们这么熟知与认可，经由个人 IP 的打造传播才走进了千千万万人的视野。

所以，打造 IP 能够放大的优势可以这样定义：将你的多个小才华，结合内容创意，进行合理组合，变成更具独家感的长期内容定位。

放大的公式 = 主要才华 × 次要才华 × 内容创新

上班族实现副业创收，全职宝妈改变手心向上的生活，自由职业者获得财富。那么，如何放大你的才华？如何建立运营思维？你需要花点时间想一想，自己有什么小才华？

能放大的内容：你的经历、你的思考、你的情绪、你的才华。

可以放大你的日常生活；

可以放大你的专业课程；

可以放大你的故事观点；

可以放大一切美好的事物。

复合型放大 = 主要才华 × 次要才华 × 内容创意

如果你拥有了个人IP，那么人们更容易对你率先完成认知过程，否则需要花费更多的时间、精力和金钱。你拥有了个人IP，就更容易获取别人的信任，而商业交易的本质就是信任。同样的产品，同样的服务，你可以卖得更贵，而且推广成本远低于没有IP的个人或公司，这意味着你可以获得更多的利润。话不在谁对谁错，而在于谁说。有了IP品牌，你说话大家愿意听，也愿意相信，这就是价值。

在放大个人优势的时候，有几个层次需要注意。

1. 打造个人IP的初衷

你有什么样的价值观和愿景使命，想做什么有利于他人的事情，这就是初衷。初衷就是目标，有了初衷等于有了好的定位。

2. 想扩大优势，需要先有优势

一个人的雄心与初衷都建立在个人能力上，拥有才华和能力是打造个人品牌的基本要求。这些能力包括毅力、学习力、自控能力、时间管理能力、所有领域的业务能力、对自己行业知识的总结能力、可供输出的专业知识能力等。

3. 积极、正面的外在形象展示

一个想要扩大个人优势的人，本身就是具备能量的人，其对外展示的一定是正面的形象，这种形象包括行为举止、穿着打扮、社会荣誉、人脉资源等。

4. 定位自己的人设

我们经常见到的人设有好媳妇、好丈夫、运动达人、热爱公益及终身学习者等。当一个人的人设积累到一定的势能，就会具备一些人物角色本来不具备的属性，这里面往往包含着目标用户的个人情绪和情感。如果你的个人品牌在感知层面融入了粉丝的个人情感，具备了情绪价值，那么你就可以进行大规模的商业化了。

5. 给自己贴一个标签

IP打造需要凭借自己的优势，扩大个人IP的影响力，从而链接更多达人并与之合作。例如，肯定有很多人是做传统生意的，如做餐饮的、做家具的、做家居的等，你只需要你的人设树立在别人面前就可以了。一旦"人设"确定了，你所吸引的便是那个圈层里的人，如一群爱运动健身的人肯定会是一群热爱运动、喜欢户外探索的"途友"。

每个人都可以是一个独立的品牌，需要为个人的价值开掘一条护城河，而个人品牌就是最好的护城河，一旦打造出来，就很难被复制。

在过去的增量经济时代，或许个人IP的价值还没有完全展现出来，而在存量经济时代，个人品牌的价值就会展现出来。

展现独特风格帮助别人

要打造个人IP，首先要找到自己身上对别人有帮助，而且与众不同的地方，也就是在展现独特风格的同时能够帮助别人。

美国管理学者彼得斯有一句被广为引用的话：21世纪的工作生存法则就是建立个人品牌。他认为，不只是企业、产品需要建立品牌，个人也需要建立品牌。在移动互联网时代，人们面对的不再是信息缺乏，而是信息爆炸。在信息传播的海洋中，我们所发出的各种信息如何获得人们的关注，成为越来越困难的事情。这时候，一个与人脸相关的"个人品牌"更容易取得人们的信任。

前期因为受众比较少，一定是自己说得比较多。随着目标受众越来越多，大家的交流也越来越多，会有很多人帮我们去传播，比如把我们的视频或文章分享出去，我们也可以把与他人沟通之后的内容整合之后再发出去，合作案例分享也是这个阶段可以输出的内容。等到受众越来越多，内容也越来越多，很容易形成众人传播的生态，也就是"裂变效应"。

那么，在展现独特风格方面有哪些注意事项呢？

1. 要注意每一处细节

比如你的IP以发布短视频为主，那么你的神情、动作、语气都要体现出自信。观众和粉丝非常容易捕捉到你是不是自信，如果发现你是自信的，他们就会觉得你所代表的品牌和价值观是自信的，是值得关注的。

2. 不要把过多的注意力放在自己身上

不要在意自己穿的衣服好不好、声音大不大，而要把注意力放在屏幕前的观众身上，要发自内心地相信自己所说的内容，坚定、从容地去分析。如果你做不到自信，则可以对着镜子练习十分钟演讲，无论讲什么，都要想象自己正站在面对几百人的演讲现场。

3. 把镜头当成自己熟悉的人

比如，把镜头想象成你的学员、闺密，不要总想着你是讲给陌生人听的，更不能表现出冷冰冰的状态，不能像读稿子一样没有活力。你要像跟熟悉的朋友聊天那样，观众才会感觉到舒服。镜头前的自信是一个短视频博主最大的价值。

在这个世界上，只要是独一无二的东西，都可以打造成IP，形成认知投射。换句话说，每个人都可以打造个人IP，每个人在这个世界上都是独一无二的。把你的"独特""不同"找出来，这就是个人IP的内核。

提升能力，收获更多资源

在现实生活中，一个人如果没有事做，往往会呈现一种不思进取、浑浑噩噩的状态，等到危机来临时才发现自己失去了逃生的能力。打造个人IP的过程也是一个不断突破自己舒适圈的过程，走出舒适区还意味着接触不同的人，对于那些不想见又不得不见的人不要抱有抵触、勉强的情绪，而要"尝试改变自己的心态，带着愉快的心情去见面"。不断提升自己的能力，最终收获的资源也就多了。

一个项目可能几年就被叫停了，一家公司可能几年也倒闭了，但是一个人是可以生存很多年的，打造个人IP，输出自己的影响力，会吸引很多优质的项目，也能够创立很多家公司。

有影响力的人说话就会让人信服，从而产生购买的欲望。所以，当你有了影响力之后，就可以吸引更多的商家和同行。

比如，常见的资源有：

卖货，出了名可以卖货，不需要你多么有名，只需要让大家相信你就可以了；

商家广告；

利用品牌影响力与企业合作或合伙；

内容付费；

流量变现；

本地明星、网红、达人可以拓展线下生意……

以上这些都是普通人的收益方法，还有更高级的，比如品牌化授权收益、品牌资产化运营、品牌化产业模式、品牌化营销与金融模式结合、品牌化带动商学院模式、众创模式等。

如果一个人在某个领域通过打造个人IP获得别人的认可，那么用户一听到这个人的地位与名字就愿意付费购买他的产品或服务。例如，去医院看病，是不是医生让你买什么药你就买什么药，很少会怀疑；遇到某一问题，去咨询该领域的专家，专家说什么你就信什么。当今时代，个人IP可以为你带来人脉、资源、财富，是你未来不可替代的软实力，可以十倍、百倍、千倍地撬起你人生不可想象的财富。

除了以上这些资源的获得，打造个人IP还有以下几大好处。

1. 不受物理环境限制

如果是普通的企业，那么，面对市场大环境的波动，很容易出现业绩下滑，尤其是实体企业的抗风险能力往往会表现得很弱。而个人IP是虚拟化的生产和运营，不受地理空间和时间的限制，在不确定的环境下，其抗风险能力会更强。

2. 经营个人品牌就是在打造核心资产

以前人们将房子、车子看作可以增值的资产，现在人们发现房子也可能贬值，车子属于消耗品，也不能算可以增值的资产。个人品牌经营得好，就是一个源源不断吸引粉丝，能够靠流量变现的武器，尤其在拥有固定粉丝的情况下，就相当于拥有了核心资产。

3. 个人品牌为职场助力

如果你是一位在职人员或想在职场上获得更好的发展，拥有个人品牌和没有个人品牌，待遇与被接受的程度会有很大的差别。你在应聘的时候，个人品牌就是一份金牌简历，猎头和招聘方很容易查到你的资料，如果你的个人IP打造得好，那么应聘的效率是非常高的。同样，如果你在职场晋级，拥有个人品牌，说明你在某个领域已经有所建树。

4. 个人品牌为创业助力

这是一个人人都能创业的年代，如果没有启动资金，也没有人脉，则是非常难起步的。而个人IP可以说是零风险创业的首选，平台很多，机会很多，只要选择一个自己擅长的领域，就可以尝试创业。

5. 个人品牌提升学习能力

在打造个人品牌的同时，也会倒逼人的能力不断提升，因为要想让 IP 出色、出彩，离不开内容的打造、封面的设计、小视频的用心制作、热点的研究，这些会迫使你不断学习提升。

所以，打造个人 IP，在提升个人能力的同时，能够收获更多的资源。有想法的、有专业的、有能力的、想做副业的，个人 IP 就是一条超级赛道，也是一条超级捷径。

聚焦流量，实现精准变现

在商业思维里面，有一句话是"从认识到认知再到认购"。假如大家都不认识你，你怎么可能把产品卖出去呢？所以，打造个人品牌，实际上就是从认识到认知再到认购的过程。无论做什么副业，在变现上面，个人 IP 具有天然的优势。

一个人在成功打造个人 IP 之后，就具备了影响力，就等于具备了流量，同时也就具备了一个自带成交的属性。

简言之，个人 IP 就是在用户聚集的状态下，个人品牌本身所带来的一种商业变现结果。其特点如下。

1. 聚合力和裂变性

IP 吸引过来的人往往更有同频，自由聚合是比较简单的，传播也就非常容易。

2. 情感价值的传播

无论哪个领域的 IP，能够成为你的粉丝和用户，最后形成黏性，主动参与到寻求满足感再到最后刺激传播和进一步发展，这是一个情感价值逐渐渗入的过程；"人以群分"很好地反映了 IP 传播力，有了第一点提到的聚合力，自然会让更多的人参与到相同兴趣的组织中来。我们可以这样想，一个人的兴趣点不可能是单一的，可以是几个，甚至十几个，所以一个个体会将"志同道合"的人吸引过来。

3. 增加客户黏性

一个超级 IP 的功能是将关注、分享、讨论、沟通、互动等社交化元素应用到电子商务的购买服务中，以更好地完成交易的过程。对于消费者来说，体现在购买前的店铺选择、商品比较，购买过程中与电商企业间的交流与互动，以及在购买商品后的消费评价及购物分享等。对于 IP 来说，可以增加用户黏性，让用户有参与感。对于品牌商来说，可以通过个人 IP 这个社交化工具的应用及与社交化媒体、网络的合作，完成品牌销售、推广和商品的最终销售。一个成熟的 IP 本质上能够带给品牌方裂变式效应，扩大用户规模和转化机会。

IP 能够衍生出来的各类电商的特点如下。

1. 准确识别

用户细分，商家掌握用户信息，精确分析、识别、挖掘，从而培养用户购物行为，实现精准营销。

2. 深度互动

内容电商具有鲜明的社交特质，通过人与人之间更深度的互动，以内容为载体，以玩法为工具，有效提升现有用户的黏性，建立信任，提高用户的认可度和忠诚度。

3. 快捷传播

通过社交行为快速传播，实现人群裂变。从某种意义上来说，IP打造的内容电商是一套客户管理体系，通过客户的社群化可以充分激活企业的沉淀客户，它抛弃了传统的客户管理方式，将每一个单独的客户通过社交网络工具进行了社群化改造，利用社会化媒体工具充分调动了社群成员的活跃度和传播力。

未来，移动社群电商创业的三个核心点分别是超级IP、社群和商品。超级IP好比一个向心力，能够将有共同情怀和价值观的人会聚在一起。在"人即渠道"的移动互联网时代，超级IP的凝聚力正是打通这些渠道的关键。社群对企业的价值不仅仅是解决获客问题，更是企业定位、品牌营销、产品开发等企业活动的主要依据和参考标准。

个人IP更契合时代发展

随着网络的盛行，互联网思维正影响着每个人。在这个全民互联网时代，越来越多的人更倾向于加入互联网创业大军。那么，互联网趋势下的创业环境究竟如何呢？

由于互联网独特的经营模式，互联网创业具有一些与传统行业创业的不同之处。

一是互联网创业与最新科技联系紧密，创新性要求高。互联网创业创新是用户导向的，不是生产导向的。因此，互联网创业要发掘消费者习惯，以此来重组核心技术。

二是互联网创业主体多元。随着社交网络扁平化，知识和技术的传播更加迅速，创业主体逐渐多元化——由技术精英逐步拓展到"草根"大众。

三是互联网创业成本低。创业者只要有创新性的项目，就可以通过互联网去寻找人才、资金等，通过组建专业化的团队大幅降低创业的成本。互联网缩短了创业者和用户的距离，也加快了创新的步伐。

另外，政府不断出台推动互联网创业的政策措施。推进"大众创业，万众创新"，顺应创业创新工作新形势、新要求，激发普通人创业创新潜能，优化个体创业创新生态，提升普通人创业创新能力。所以，个人IP的打造所体现的价值非常契合时代的发展。

互联网时代的发展就是信息的去中心化，每个人都希望自主地去选择自己真正喜欢的以及更合自己胃口的信息，还可以跟自己喜欢的老师进行互动。毫不夸张地说，对于很多优质的个人IP来说，一个人可以打败一个机构。各类可以直接影响几十万人的新闻IP、财经IP也逐渐形成，这就是趋势。个人IP符合商业的本质，这个本质就是需要。时代鼓励人人都去创业，而个人IP正在迎来最好的爆发机遇。

知名科幻作家威廉·吉普森说："未来已来，只是尚未流行。"旧的企业组织在很多时候不能适应多变、复杂的市场环境。只不过，旧的模式还有很强的生机，新的模式仍在萌芽。

每个人只要有一技之长，就可以直接触达用户，除了时间和知识成本之外，不必付出更多其他成本。领英创始人里德·霍夫曼说："个人将会更多地学会按照公司的模式来管理自己。"每个人都像一家公司，能够独立满足一种市场需求，同时把个人品牌管理、市场宣传、销售、服务职能全部压缩到自己一个人身上。特别是在一线城市，由于市场需求的集中和多样化，我们见证了大量符合上述描述的个人IP新业态的出现。

由于互联网技术的发展，相信在不远的将来，将有1亿人实现在家工作、在家创业。而每个人的创业起点来自对自我的认知，以及资源积累。资源包括信息、家庭背景、知识积累、经验积累、人脉支撑、货币资产、可控时间资产等。每类资源都有可能成为创业的起点。在当今互联网时代下的自媒体蓬勃发展之年，创业者的个人品牌效能将被无限放大，成功打造个人IP，是任何创业者的保险锁、突破锁及连接锁。

第3章
个人IP塑造方法论

我是谁,梳理自身优势与特长

我是谁?在互联网个人IP打造中是指圈定领域,做自己。通俗地说,就是为自己确定一个核心身份、专注领域、明确定位和价值。每个人都可以找到一个适合自己的领域,并精通这个领域。

这是一个百花齐放的自媒体时代,无论输出什么样的内容,都会有人关注,肤浅的也好,深刻的也罢;知识型的也好,娱乐型的也罢,可谓各显神通。在个人IP打造的各个领域,只有更好,没有最好。所以,个人IP打造的第一步就是认真研究"我是谁",梳理自身优势与特长,只有这样,你才有充分属于自己的观点,才能持续输出优质的内容,只要把自我优势发挥到极致,那就是自我IP。在自己擅长的领域中聚焦、聚焦、再聚焦,专注、专注、再专注。就像投资人纳瓦尔建议的那样,"找到自己的天赋所在,积累专长并持续发扬专长"。

所谓天赋,是那些"你几乎不费吹灰之力就可以完成的",有可能是销售技巧,有可能是沟通能力,还有可能是音乐、游戏、写作等技巧。"在'成为自己'这件事情上,没有人能比得过你。"只有找到这样的优势,你才有可能在浩如烟海的自媒体时代占有一席之地。

一个人做一件事,想要有所成就,就必须符合"三趣理论"。

首先,这件事必须是你的兴趣所在,也就是你爱好这件事。当一个人爱好一件事时，就会自发地进行钻研。兴趣是最好的老师，也是成功的基础。

其次，有了兴趣还不够，还需要有做这件事的乐趣，也就是你在做这件事上有收获，能找到成就感，这种成就感既是带给自己的，也是帮助别人得到的。就拿做"托育星球"这件事来说，当我决定要做幼教托育的时候，是冲着自己的兴趣开始的，但光有兴趣还不够，当我看着经由我带出来的那些托育机构遍地开花的时候，我找到了做这件事的乐趣和动力。于是，我觉得做自媒体不再是我谋生的方式，而是不断地通过影响别人的成长创造出了成就感。这种感觉慢慢地形成了乐趣。有了做事的乐趣后，你就不会感觉累，无论遇到什么困难，都会把它当作一种新的挑战。所以，我经常告诉身边的朋友，在做事情时别提要坚持，只要你说在坚持而不是在享受，那么，一定是你没有在这件事上找到乐趣，凡是做有乐趣的事，都不会觉得累。当然，这也是成就一件事的本质原因：无乐不成事。

最后是志趣，志趣就是人生的志向与生活的乐趣合二为一。这是人生最幸福的状态。因为你无须等到财务自由再做自己喜欢的事，而是因为做自己喜欢的事而到达人生的巅峰。一个人喜欢旅游，就把旅游变成了志向，写出了游记，成了网红；一个人喜欢做菜，就把做菜变成了事业，编辑菜谱，分享做菜，也成了网红，名利双收，这就是志趣的成果。因为有志趣的存在，你才会从业余走向职业，从普通走向不凡。例如，红遍全球的网红"李子柒"就是因为喜欢做菜，喜欢中国的传统文化，喜欢研究，才能在一针一线、一草一木、一茶一水中做出中国的味道，才能透过屏幕让我们感受到诗意和美好。如果没有志趣，又怎么会不厌其烦地在这些琐碎的事情上动心思呢？

当我看到我们也有了自己的幼托品牌，这是民族的、本土的，那种自豪感就会油然而生，这是我从兴趣、乐趣过渡到志趣的发展趋势，所以做起来会十分投入，也找到了属于自己的优势与特点。打造个人IP的第一步是发现你的兴趣和优势。

当然，个人优势不是天生的，有了兴趣和方向，还需要不断积累和努力，才能慢慢成为专长。每个人需要从以下几个方向去努力。

1. 专长需要累进和积累

当你发现了自己的兴趣，比如摄影或绘画之后，下一步要做的就是在你喜欢的领域更加精进，知识和观点以及个人的兴趣和能力都不是一成不变的，你需要不断吸取新鲜血液来使自己的兴趣走得更远，表达的内容和观点更加饱满。因为与你有同样兴趣的大有人在，如果你在积累的过程中不能百分之百地投入，那么竞争对手就会超越你。

2. 用独特的专长去避开竞争

很多人都有专长，但那些脱颖而出的人无不具有独辟蹊径的本领。不带着竞争的目的去尽心做自己的内容，才不会陷入模仿。每个人都是独一无二的，不要以竞争的视角去打造个人专长。不同的位置、不同的际遇，会造就不一样的个体。作为个体，关键要找到自己的生态位，长成自己最好的样子。如何在你喜欢且擅长的领域脱颖而出？你必须将自己与市面上已有的内容区分开来，打造差异化的形象，或者聚焦更细分的领域。比如，旅游和运动博主有很多，如果你喜欢一边旅行一边记录风土人情并制作成有趣的小视频，就会与普通的公众号或微博博主有很大的不同。

3. 在垂直领域里深耕

每个人的爱好和兴趣不止一项，如果追求"样样精通"，则必定会陷入"样样稀松"的状态。所以，要选择自己擅长的一两件事，然后做到极致。

4. 传播正能量

个人的优势与专长必须是正向的、具备正能量的。无论涉足哪个领域，都不要心存妄想和传播负能量。虽然现在有不少人为了出名，不惜"臭名远扬"，但这类内容一定不会走得长远。要让人感觉你的内容积极向上、有价值，听上去让人肃然起敬而不会看扁你。

5. 保证内容原创，最次也要半原创

随着人们对于自媒体和各种小视频的熟悉，同质化和转化的内容再好也是给别人送流量，很难提升和打造属于自己的个人 IP。如果原创受能力和其他因素影响，就要在仿照别人的同时进行修改，变成自己的内容，这样，时间久了，才会形成自己的标签。传播的本质就是重复、重复、再重复。当我们梳理出来一个标签，又能围绕标签输出内容的时候，就要持续进行下去，要不断地重复、再重复。另外，在发布内容的时候，时间选择也非常关键。要去研究自己的目标用户，结合自己受众的生活习惯来定，不同行业、不同类型的人，作息时间不一样，喜好的内容也不一样。

做什么，定位自己的IP方向

有一句话，"方向不对，努力白费"，意思就是当你有了自己的优势和专长后，还要有内容和方向，也就是做什么。IP 的打造范围非常广泛，如吃喝玩乐、答疑解惑、成长娱乐等，你要做什么就是你的 IP 方向定位，甚至同一个内容会有不同的呈现形式。

当然，如果新人想要找到方向，则不是一件容易的事，可以从几个方向努力。首先从感兴趣的地方开始，只有自己喜欢的才能坚持下去。其次要找到自己擅长的，只有擅长才更容易成为专家。当你成为一个拥有众多粉丝的专家时，那你想不成功也难了。最后要找到能赚钱的。如果一开始你就梳理出了变现的方式，然后对应地去分享内容，吸引精准的目标人群，那么等你成功后也就自然能赚钱了。如果一开始没有想清楚变现方式，那么到最后可能会导致分享的内容特别混乱。

在打造内容的时候，自己先想想"这个内容讲了什么，它对我有什么用，它有什么地方是值得我学习和思考的"。当你的内容能让用户思考这些问题的时候，你的内容输出就成功了一半。

在具体操作方面，有以下几个方向可以参考。

1. 你的核心竞争力才是卖点

只有明确了你生产的是什么，换句话说就是确定了你的卖点，你才能够真正地做到聚焦，把时间与精力花费在这上面。

2. 明确你的客户群体是谁，你能给他们解决什么问题

你擅长的技能要能够帮助客户解决实际生活中遇到的问题，这样才算有价值，否则是毫无意义的。所以你需要不断分享对别人有用的知识，并且展示自己的结果。

3. 把个人定位长线化

定位不是一蹴而就的，它是分阶段并且不断升级和完善的。定位仅仅是一个开始，随着内容受到市场的检验，再慢慢地调整和修正自己的方向。

4. 要跟自己比，不要跟别人比

打造个人 IP，每个人都是自己的 CEO，你生产的内容就是你的品牌。只有努力让自己的品牌越来越好，才能产生真正的价值。刚开始的时候可能没有经验、资源、人脉，这些都不重要，记住，再小的个体也有自己的优势，所以，再小的个体也能打造自己的品牌。

5. IP 个人化还是品牌化

如果 IP 的定位是个人化，就向个人化方向发展，这样显得更有亲和力和真实感，从而拉近与用户的距离。比如知识付费行业、美妆服饰行业、餐饮旅游类的 IP 都适合定位成个人化。如果是企业性质的 IP，行业属于金融、银行、保险、教育培训、营养保健等，则可以选择品牌化方向，这样能让 IP 显得更有专业感、权威感和公信力。例如，"托育星球"的定位就是品牌化发展路线。

在打造个人品牌的时候，先要问自己几个问题。

（1）现在做的事情，是在让自己赚钱，还是在让自己能够更值钱？

（2）现在做的事情，是在增加打造的品牌，还是在打造别人的品牌？

（3）现在做的事情，能否让你不断地输出自己的专业、态度、价值观，让更多的人知道你、熟悉你、信任你？

看似简单的三个问题，里面却包含自己的专业、态度和价值观，这就是个人品牌化。另外，让更多的人熟悉你、信任你，就是你未来出圈的基础。搞清楚了方向，接下来就要为个人品牌的沉淀去努力。如果你有过硬的能力或专业技术，就以此为出发点；如果你很普通，专业不出众，又没什么特长和爱好，就要不断试错，通过试错找到自己热爱的东西，然后深耕，最终就会形成个人的标签。

个人 IP 是设计出来的

怎么做，文案、选题、封面的设定

在当今碎片化的时代，用户对长而难懂的内容不感兴趣，对不吸引人的封面和文案也会视而不见，所以，多数人得出一个结论："封面选得好，播放不会少。"如果个人 IP 是以视频的形式出现的，那么，除了优质的视频内容，吸睛的封面、文案都非常重要，在一定程度上可以提高视频的打开率。所以，打造个人 IP 不但要重视内容，还要重视文案、选题、封面的策划和设定。

个人品牌打造本身就是营销的一部分，先包装好自己，再把自己营销出去。目前，光是包装产品已经很难卖出去了，原因是产品同质化现象太严重，并且大多数产品在当今都是过剩的，所以现在的营销需要打造创业者个人的 IP。每个鲜活个体的不同之处非常多，尤其是通过包装的个人 IP，有血、有肉、有情感，有鲜明的标签和人设，有故事，有个人定位，这样的个人 IP 就很容易被人记住；然后植入产品，这样产品就更容易被客户接受。未来，个人将成为交易的入口，个人 IP 推广将成为新的、有效的营销方式。

那么，在营销自己方面，标题、文案、封面都需要重视。我们先说标题。

1. 建立标题库

打造个人 IP 要养成一个习惯，就是对那些爆款标题的敏感度。无论在哪个平台上看到好的标题都要先收集起来，然后思考这个标题好在哪里、使用了什么技巧、如何借鉴和学习。

2. 建立选题库

将自己账号上发布的爆款选题整理出来，通过这些被验证成功的选题继续裂变 3~5 个相似的选题，同时收集竞争对手账号上的爆款选题，在此基础上裂变自己的选题，拆解一下刷屏级的爆款文章或视频，想一想有什么值得自己学习的地方。

3. 建立素材库

好的内容离不开好的案例、句子、文章、图片，遇到与自己内容相关的好素材要整理到自己的素材库里，这样在创作内容的时候就可以快速调取这些素材。

4. 找到用户的需求和痛点

无论多么华丽的标题，里面的内容一定要满足用户的需求和痛点，否则如果只是为了吸引而吸引，就会让人心生反感。

5. 在策划选题的时候要借鉴同行

可以关注同行账号、竞品账号及同类型账号。这里不是为了教大家去抄袭，而是因为看到与你相似的定位和用户群体，能够给你带来很多灵感。

在学会标题的建立以后，下一步就是文案。一篇文章 10 万 + 的阅读量，一条短视频几百万的播放量，一个营销性链接成交上万人，都离不开在文案上下功夫。要写出好的文案，有以下几点注意事项。

1. 文案要真实

现在人们动不动就讲"干货"，如果你的内容不真实，那么用户依然会觉得"很水"。不论讲什么主题，一定要接地气，真实性要经得起考验，好文案的基础是建立在真实性上的。

2. 文案要关注受众的兴趣点

无论是文字内容还是视频内容，如果只是为了取悦自己，则起不到任何传播作用。所以，无论是写文章还是做视频，传播点在哪里，一定要了解清楚。因为有了这个点，才能有后续被传播的可能，否则只能放在自己的账户里自己欣赏。是否有足够的痛点关系到读者在阅读时能产生多大的共鸣。要想判断你的文案能否成为爆款，就要看你的选题能否戳中足够多人的痛点。

3. 覆盖的人群是否足够大

在写文案的时候要想到潜在阅读人数。如果选题能覆盖1000万人，那么你想写一篇10万+阅读量的文章就没有那么困难；但如果选题只能覆盖10万人，那么你想写一篇10万+阅读量的文章可能比登天还难。

4. 分析人们会不会主动传播

转发的用户多，你的内容曝光量就高，这就需要搞懂用户转发、分享的动机是什么。一般有用户转发某个内容一定是被触发了某个点，这些点包括：喜闻乐见，比如那些温暖的、传递正能量的、愉悦心情的内容往往容易引起人们的共鸣，从而转发和点赞；感同身受，你的文案内容会让人感同身受，感觉有用，比如有些文案内容会教如何防拐、如何防骗、某个东西怎么操作。如果你的文案内容在有用的基础上植入了想要表达的产品广告，就容易被人接受。

除了标题和文案，封面也是营销自己的重要一环，好的图片会吸引人。如果个人IP为视频号，那么封面的选择要注意人物和标题的比例，在突出人物的同时要展现标题内容。作品封面最好做到风格统一，这样能形成良好的视觉效果。

谁来做，给个人IP一个角色定位

在确定了内容和方向以后，接下来就要决定这些内容由谁来做，也就是给个人IP一个角色定位。你要把自己定位成朋友或伙伴的角色，还是定位成一位专家的角色？这个IP是你一个人来做，还是一个团队来做？角色定位是指故事的核心角色，要定位到人性情感层级中，从而实现关键的IP定位，而不是普通的故事角色设计。角色定位是打造个人IP的基础工作，只有做好角色定位，才能创造吸引人的IP角色，让消费者和品牌、产品之间产生强烈的情感联系。

你对于别人而言是什么角色很重要。比如，你是一个资源链接者，是一个热爱学习的人，还是别人眼中的商业顾问？是健身专家，还是瑜伽资深教练？……例如，在B站很火的法律专业知识个人IP罗翔，通过认证加V，认证了自己的职业和身份，利用"有意思"的案例，传递作为法学老师的人文关怀，深厚的专业知识储备加上湖南人天生的口音，硬生生打破了人们对刑法的刻板印象，而每个案子到了他的嘴里，就成了一场别开生面的相声现场，满满的知识点，让人学习都能上瘾。

不论涉足什么领域，给自己一个角色定位，就是给受众留下的特别印象和第一感觉。那么，在做角色定位的时候有哪些注意事项呢？

1. 有特点，不落俗套

角色定位首先考虑的就是个人形象。形象首先要有特点，也就是要与众不同，这样容易让粉丝记住。例如，有一个小伙子专门做关于"80后"生活记忆的内容，他把自己的居住环境、穿着打扮、生活用具、吃的食物都打造成"80后"的样子，粉丝看到他的第一眼就知道他不是"80后"，但那身打扮很容易让那个年代的人找到身份带入感，因而收获了很高的人气和流量。当然，包装不仅仅包括外表，还包括说话的语气、形象打扮、形体动作等多个方面。当然，主播在打造自我形象方面，也有一个不断努力、不断提高、不断接受反馈、不断改进的过程。"花无百日红，人无千日好"，不断地带给粉丝一个新鲜、积极向上的主播形象，对于想要提升自身在直播界的档次和收入的主播来说，是非常关键的。另外，当你打造了个人形象以后，还要和自己所播的内容相匹配。举一个简单的例子，如果你在户外卖绿色农产品，就不太适合穿西装革履；如果你要做知识型主播，就不要让自己穿得太过随意，要和自己所讲的知识相匹配，体现出比较专业的形象。

2. 建立识别度高的风格

形象是外在的，但风格却是有内涵的。风格可以是幽默的，也可以是严肃的，可以是一本正经中带着有趣，也可以是嬉笑怒骂中藏着智慧。风格一定是在自己的性格特点基础上进行放大的，不能背道而驰。主播的风格可以从幽默风趣型、活泼可爱型、御姐型、成熟稳重型、辛辣犀利、知识专家等类型中筛选。只有提前定位好风格，才能建立一个识别度高的直播风格。这样，无论你卖什么样的产品，总会赢得一批喜欢你风格的粉丝。个人风格会给直播间带来特定的"气场"，这种气场能决定一个直播间的氛围。

3. 再好的形象也要有优质内容做支撑

在角色定位上，不仅仅是形象和风格，更重要的是靠优质的内容定位来留住粉丝。内容定位也叫主题定位，就是主播给粉丝在某个垂直领域输出的专业性价值。内容IP往往是和产品联系在一起的，通过内容IP的打造，建立主播在这个领域的专家或者意见领袖形象，从而让粉丝因为信任产生购买。这也是主播为产品和粉丝建立黏性最好的方式。例如，做美妆的要成为女性美丽的专家，卖水果的要成为水果系的营养专家，做服装的要成为穿搭的意见领袖，这就是主题的定位。当然，传递有价值的内容也需要借助一定的语言，往往轻松自然、带有幽默感的语言更能留住观众。

4. 具备专业能力

无论你有多么独特的形象和风格，如果没有过硬的专业知识作为背景，成功都不可能太长久。在获得专业能力的时候，先问问身边的人，再去持续学习提升。比如，身边的朋友都觉得你做菜做得好，那你就不妨围绕做菜来发展。再比如，大家都觉得你讲笑话讲得好，那么你不妨就从做幽默小视频开始创作。看直播的人，其实和你身边的人一样，都是普通人，因此只要你比别人在某个领域懂得多一点点，围绕此去发展，可能就会收获很多粉丝。而且，自己擅长的领域，创作起内容来也更容易一些。等到积累了一定的粉丝量，就可以将自己所创作的内容变成学习材料，以便于粉丝学到更加宽泛和深入的知识，有利于打造自己独特的角色形象。

5. 通过市场检验不断改进

当自己实现了前期的角色定位之后，还要不断去检验，就像我们造出一个产品，如果不投入市场如何知道是否受人喜欢，还有哪些改进之处？等等。同理，打造超级个人IP也是如此，定好位之后就要积极实施，看市场反应，看能不能吸引粉丝，看自己在直播的过程中有没有"翻车"的地方，以便及时调整修改，让直播越来越进步和完善。

基于以上观点，IP角色定位想要做得好，就要用心挖掘每一个细小的点，不断创作出更精更好的内容。任何一个好的IP从创造到成长再到成熟，都有不少路要走，有不少要学习的东西，这其中，需要每一个想要打造个人IP的人去细细体会和深入实践。

在哪做，选平台定基调

很多人做了IP定位和角色定位，甚至在内容上也下了功夫，却发现输出的东西没人看。究其原因，一是没有经得起时间考验，二是自己的内容投放的平台不对路。现在帮助个体打造个人IP的媒介平台很多，不同平台的特点与调性就像用户群体一样，也有所不同。搞清楚哪些平台适合文字，哪些平台适合视频，然后再根据自己的用户群体特性选择对应的平台。

比如，小红书和微博比较欢迎1000字以内的中长度内容，让人短时间内高效接收信息，更加容易被用户吸收并与用户产生互动。再比如，《今日头条》的"微头条"，也有异曲同工的作用，同样可以传递观点以及短小精悍的知识点。视频方面推荐大家做知乎和小红书，抖音风格节奏快,需要短时间抓住用户的眼球,适合做精练的内容,但做起来没有知乎和小红书起号快,还有视频号也可以去做。小红书、B站、知乎、头条更欢迎能够娓娓道来的中长度视频,需要创作者能够把自己的经验经历以及观点完整地阐述出来,这样更有利于塑造自己的个人品牌形象,深度传播自己的价值观,有效提升用户黏性。音频类主要有喜马拉雅和荔枝FM,对音频感兴趣的创作者可以尝试。

这就是不同平台的调性。因此,在生产内容之前,选择好符合自己内容的平台,是个不能忽略的环节。针对不同用户制作好内容,然后分发到不同的渠道,提高个人IP曝光度与知名度,在获得流量和影响力方面,具有事半功倍的效果。比如想做职场类知识IP,那么主战场就应该是微信生态,因为无论是公众号还是视频号,都更适合发布专业垂直类内容。

互联网时代,新平台不断涌现,而平台所需要的内容也因平台性质的不同而不同。所以,在选择平台前,需要对这些平台进行研究并结合平台在自己所在地区的增长情况来进行评估。如果注意到在自己的目标区域一段时间内注册某款应用的人数呈显著上升趋势,那么密切关注它可能是有意义的。另外,不要基于"平台允许发布什么类型的内容"来看待平台,而要基于"平台能够提供的交流类型"来对其进行分类。你在一个平台上向受众分享作品,能得到反馈的唯一方法是去阅读评论(如果评论功能打开了的话)。评论可以看出受众对你发布内容的反应和看法,虽然不需要自己参与或立即回复,但监测和阅读评论是至关重要的。

但无论选择什么样的平台,在内容方面一定要追求垂直,也就是保证一个账号一直输出同一个类型的内容。这样做可以打造出自己的高辨识度。要知道,垂直度越高,就越能显出自己的特点和所属的领域。

个人 IP 是设计出来的

比如用户喜欢中医养生，看到一个视频内容觉得感兴趣，点进去发现里面全是中医养生的内容和知识，看了几期后觉得很棒，就会点"关注"下次方便观看。同样的道理，你输出的内容越聚焦在一个领域，就越能让用户记住你。如今在短视频领域产生了不少超级 IP，这些超级 IP 的成功打造，加上垂直内容的生产，让很多普通人在短时间内占领了短视频高地。

做个人 IP 选平台之前需考虑两个问题，就是这个平台别人怎么找到你，怎么看到你。用专业的话来说，就是要么通过搜索，要么通过推荐。搜索的话别人是无意看到你，而推荐是别人有意找到你。目前搜索的渠道除了百度还有微信、头条、知乎等。百度方面打造个人 IP 的渠道有个人网站、百家号（知道、经验、文库、贴吧收录排名）、知乎、搜狐、微博专栏、豆瓣、简书、爱奇艺等。如果精力有限，重点推荐百家号、知乎与个人网站。

另外，可以选择你所在行业的垂直平台的专栏，比如搞装修的个人IP，就在专业的装修网站上开专栏，前提是要有干货输出。在微信端，微信搜索现在也越来越热，所以公众号和视频号都是要重视的。如果在微信端，重点推荐公众号渠道，因为现在我们看到的很多讲 IP 打造的内容都是通过公众号写出来的。

也许会有人提出问题，个人精力有限，如何维护那么多的平台呢？目前来讲，做个人 IP 主要有两种玩法：一种是纯个人的；另一种是用团队或助理。举个简单的例子，我们看到的那些 IP 比较大的互联网人，有很多个人微信号，其实很多是助理在操作，且背后都有团队。对于小的 IP，个人完全够了。

选择好平台后，要如何打造个人 IP 呢？主要分三步。

1. 打开自己的知名度

想靠写公众号文章来打开知名度是非常困难的，除非自己很有才华，一篇文章就能产生 10 万 + 阅读量，否则类似公众号这样的平台已不容易让新人崭露头角了。在这个阶段比较适合去有一定开放度的平台，比如头条号、百家号、新浪微博等。这类平台会把你的内容推送到一些平台认为感兴趣的人那里。这样你写的文章就更容易被别人看到，如果你的文章对别人来说有价值，那应该会收到或多或少的反馈。而在收到反馈后，往往就更容易坚持下去，形成一个良性循环。

2. 有了一定的知名度和粉丝后，就要开始做沉淀

做沉淀就是从粉丝里面淘出精准粉丝，不然再多的粉丝也只能是过客，产生不了太大价值。在转化沉淀阶段要考虑如何与自己的粉丝有更多的交互，如何增强粉丝黏性。其实现在很多平台都有类似圈子的功能，像微博、微信、头条、喜马拉雅等都有圈子功能，就是为了给你的粉丝提供一个排他性的地方，在这里你只属于他，他也只属于你。

3. 在做完粉丝沉淀后，可以考虑在平台上销售一些商品，融合一些电商属性在里面

不管是抖音还是快手等，都有电商模块。现在已不再是只有去淘宝、天猫这种专门的电商平台才能买东西的时代，都在向变形电商形态发展。而且，以后电商平台会越来越不像电商，非电商平台则会越来越靠近电商。如今是流量为王的时代，哪里有流量哪里就可以交易。

选择平台可以根据自己的性格与喜好进行。可以重点选择一两个平台也可以全网撒，最后锁定某一个平台。但无论选几个平台，都要做自己最擅长的事情。因为现在平台太多了，人的精力是有限的。小成绩靠勤奋，大成就靠平台的发展、行业的发展与时代的红利。要知道，个体与平台、行业、社会的关系的描述，就好比点、线、面、体的关系。而我们普通人，无论能量多大，都只是社会的一个点。我们要取得什么成就，除了看这个点做什么事情，还要看这个点所在的线，这条线在哪个面上，这个面在哪个体上。点就是我们在哪件事上努力，线就是我们在哪个平台上做，面就是平台属于哪个产业，体就是这个产业属于哪个经济体。线、面、体的规模能量，决定了点的上限，决定了个体的努力可以被放大多少倍。

如何做，多平台运营和及时有效复盘

要想让自己的账号长期地留存、活跃下去，不能仅依靠常规的内容创作来吸引用户，还要让流量吸引流量，充分利用现有的资源，通过进阶的运营手段、时间的分配和有效复盘来进行。

运营方面可以选择多平台运营增加曝光率、拓展渠道。同时运营多个平台的账号并不是只在多个平台创建账号就可以，而是要在多个平台保持更新，根据不同平台的特性调整更新的频率和时间，如果是那些活跃度和曝光率比较高的平台，那么就可以将时间和精力多放在经营这样的平台上。具体而言，一方面要考虑内容的形式，是图文还是视频；另一方面要考虑内容的受众，如侧重的是老年群体还是年轻群体，平台的运营不在"多"，而在"合适"，只有选对了平台，才能真正为账号运营拓展渠道。

比如，目前适合图文推广运营的平台有微信公众号、小红书、知乎等；适合短视频推广和运营的平台有抖音、快手、微信视频号、B 站、微博等。抖音的主要群体是年轻用户，不过随着平台体量的扩张，在各个年龄段都有相当多数量的用户群，因此，抖音是运营短视频的一个优质平台。此外，快手平台也已成为短视频平台的中流砥柱，拥有广阔的下沉市场，内容受众面较为宽广的创作者可以选择快手这一平台同步运营。微信视频号是在订阅号和服务号功能之后推出的全新功能，既能发符合要求的图片动态也能发小视频，由于背靠微信这一拥有庞大用户群的社交软件，因此其所拥有的基础流量也是非常可观的。B 站是"哔哩哔哩"的简称，是年青一代高度聚集的文化社区和视频平台，内容涵盖上万个兴趣圈层。微博视频号以新浪微博为依托平台，无论是市场规模还是曝光流量都不容小觑，涉及的领域非常广泛。

在选择多平台运营时，有如下几个注意事项：

1. 多平台信息一致

无论选择多少个平台，目的都只有一个，那就是让粉丝更容易识别和找到你，记住你。因此，无论在哪个平台，所使用的信息都要保持一致，如昵称、头像、ID、简介信息等。

2. 发布频率要稳定

做什么事都忌三天打鱼两天晒网，个人 IP 账号的运营也是如此。因此，在多平台运营账号时，为了让各平台发布的内容都能稳定曝光，内容发布的频率要基本保持同步，具体可以根据平台的不同，对发布内容的频率进行合理、灵活的安排。

3. 多平台进行联动

为了实现流量的内部流动，可以在运营多平台时进行适当联动，比如可以在不同平台账号的简介里同时标注"各平台同名"等字样，也可以在主页中提及或标注自己的店铺或其他平台的 ID。

4. 规避限流风险

不同的平台都有自己的检测手段，如果发现了重复的内容就会让账号面临限流风险。因此，在不同的平台进行创作的时候就可以灵活变通，首先，将相同的素材进行不同的设计和组合，以让视频呈现出不同的风格。其次，在多平台发布内容时，可以选择在 A 平台发布视频，在 B 平台发布图文，根据平台的侧重有选择地进行匹配，这样不但不会受到限流，还能达到最大化的曝光和收益。最后，在多平台发布内容时，可以错开时间进行发布。

个人 IP 的运营要懂得运营媒体矩阵，平台的选择不是越多越好，而是越聚焦越好，可以先选择一个容易上手的平台开始做，然后再慢慢往外辐射。但不论做什么内容，都要及时进行复盘，通过平台或第三方数据平台查看相关的播放数据、粉丝互动量，及时发现问题，调整策划，优化不足。如此才能及时了解自己内容的优缺点，以帮助自己更快、更好地进步。

赚多少，以终为始变现为王

大部分个人 IP 的变现路径都是立人设、涨粉丝、变现。这个思路不能算错，但深究的话却不能算对。因为按照这个思路到最后会发现变现太困难了，基本上都是在做了一段时间后，涨粉困难，人设也立不起来，所以就放弃了。

具体来说，很多人在打造个人IP时都是这样一种想法，就是前面不断做积累，积累粉丝、积累内容，同时也积累和提升自己的能力。等积累到一定程度再去变现。这种想法对，也不完全对。

对的是，当你粉丝多了、能力够了、影响力大了再去变现肯定会更容易，同时粉丝也会更加信任你，进而付费。不对的是，我们做自媒体、做个人IP都是为了赚钱，当你不断在做积累、做输出的时候都没有得到正向反馈，也就是赚不到钱的时候，其实是很难坚持下去的。同时也不能验证自己的付费模式是否可行，这时就很难坚持下去。

如此就应该换一个思路，如果逆着来呢？即按照设计变现路径→获取精准流量→放大商业模式这样的思路来做的话，等于以终为始，先把变现产品体系设计好，然后一切都为了成交做服务。

那么在打造个人IP时，如何学会用逆向思维进行操作呢？

1. 思考打造个人IP的目的是什么

一个IP的终极目的无非是实现轻松变现、快速变现以及长久变现，所以抛开一切形式主义。

2. 思考你靠卖什么变现

个人IP变现的途径无非是靠"卖"，卖广告、卖产品、卖课程、卖代理等。卖广告也要用逆向思维，不要想先积累粉丝再卖广告，而是以始为终，以目标为导向，看哪个领域广告费最多，就切入哪一个领域做个人IP，而不是先做IP再去找广告！卖课程的话，目前知识付费市场需求巨大，卖课程就要有好课程，要符合时间短、价值高、有干货这三个标准，不要跟风去卖9.9元或99元的课程，这样并不赚钱。课程卖得贵，但有用，能够解决问题，就会得到有需要的人的重视。要想让自己的付费课程得到越来越多人的认可，在设计课程时就一定要注意这么几点：一是内容必须是干货。二是简洁，直击问题要害。三是注重内容的实用性，不讲空道理。四是每个课程只解决一个问题，用时要短。做到这几点，内容付费就会越做路越宽。卖产品的话，要想突破竞争就必须会卖，否则很容易在产能过剩时代把自己累趴下。成为某个产品领域好玩儿的人，就会把产品卖得火爆。而卖代理的核心就是卖合伙人。如果你的产品好，服务好，已经有了一定的影响力，那么可以把你的产品服务包装成一个项目！假如你的代理1万元1个，那先卖100个代理，这样不但可以坐收100万元，还可以让这100个代理帮你卖产品，卖代理，如此，变现就成了一件非常容易的事。

3. 圈定能够为你花钱的用户

前面我们讲了，有粉丝量不一定能变现，假如你的粉丝全是一些不具备付费能力的人，那么即使你的内容再好，也很难变现。所以想要账号高变现，首先就必须找到高净值用户，即既有付费能力又和产品相匹。其次找出高净值用户的痛点，试图去解决。找痛点其实就是找需求，用户的需求越急切，痛点就越痛，赚钱收费就成了顺理成章的事。

4. 用最小可行性去验证你的产品

不论你想卖什么产品，先用最少的产品去验证一下市场，如果能够卖出去，再考虑更广的发展渠道，最后再考虑创建一个品牌，如此才能将风险降到最低。

个人IP想要赚钱，只有解决用户痛点才能让内容更有价值，也才更容易被用户接受和需要。一切商业的出发点不是自己获益，而是让用户获益，或者说先让用户获益才能换来自己获益。这才是打造个人IP成功的前提。

李子柒之所以成了超级IP和网红，受到人们的喜欢，是因为她的视频不单纯是干农活和做饭，而且还把干农活和做饭做出了诗意和文化。她的古风田园视频如诗如画，满足了快节奏的现代人对淳朴田园慢生活的向往。现代人生活压力大，很多人都"负重前行"，每个人都想逃离但又迫于现实"拼命死磕"，这就是现代人的最大痛点。而李子柒的视频像一剂良药，让这些身在都市的人看了大呼"治愈"。大多数人对她的视频的评价是，"在视频中得到了压力的释放"。

她的作品题材来源于国人真实、古朴的传统生活，以中华民族引以为傲的乡村美食文化为主线，围绕衣、食、住、行四个方面展开，让人不自觉地回想起自己曾经的悠闲、快乐的乡村生活。哪怕隔着屏幕只是看几分钟视频，也会感到一种放松和舒畅，所以才有了那么多人的追随与喜欢。

不能解决用户痛点的IP，是没有太大商业价值的。这个非常值得一提，无论哪个大V或是超级网红，他们的影响力大多来自拥有解决用户痛点的能力。

个人IP要想变得有价值，能够持续变现，就要善于发现用户的需求与痛点，找到痛点就等于找到了财富的钥匙。

值多少，你带给别人的价值决定IP的价值

任何商业的本质都是利他，IP也是如此，你要经常估算自己的IP值多少钱，也就是你能带给别人什么价值。因为，没有人关注你在想什么，大家只想看到自己想要看到的。所以生产精准内容的核心就在于选题，找出这些人的20个痛点问题，然后认真地去把它做成内容就足够了，如此你的用户就会来找你。蹭热点，什么火就做什么，那是自媒体的一套，那样只能吸引价值特别低的粉丝，因此一定要做高价值的痛点话题，锚定高价值用户，取得高盈利，这个做法适用于各行各业。

一个IP的价值是个人价值和平台价值及用户价值三点的交会，也是三者的共赢。其中最能彰显IP价值的是用户通过你的IP获得的价值，这个价值可以是实际地学到一些知识，掌握一项技能，提升一些认知，开拓一些视野，也可以是感官层面的，如因听一段音乐而陶醉其中，因看到美食而垂涎欲滴，或者因欣赏一段优美的歌舞而心花怒放……无论是知识性内容还是娱乐性内容，都让用户花费了大量时间，体现了平台价值。

在做个人IP方面，不同的人追求的价值也不同。有的是为了好玩，有的是为了变现。总体来说，账户价值可以分为5种，一是单纯看着数据参数往上涨就很开心的数据价值；二是通过账号赚钱实现收益的变现价值，这是99%的博主的目的，也是他们愿意不断投入时间和精力的动力；

三是 IP 变现，不止于赚钱，变资源、变人脉、变朋友都是变现，这就是 IP 的价值；四是成就感和快乐感，创作出一篇图文，拍出一条视频，所带来的快乐感和成就感；五是获得粉丝认可和崇拜的偶像价值。

无论是哪一种价值，前提都必须是别人需要的，能给别人解决问题的。这样的价值才是打造个人 IP 成功的关键。

比如，别人想学英语，刚好你擅长英语教学，那么可以打造一个英语老师 IP；别人想创业，你创业和投资经验丰富，手上收集了几百个最新的创业项目，那么可以打造一个创业导师 IP；你精通法律，就可以打造一个律师 IP；等等。

那么如何让自己产生对别人有用的价值呢？

以老干妈的个人 IP 为例：

"老干妈"的创始人陶华碧应该是一个大 IP，她有一个鲜明的主张：只做一瓶好辣酱，不上市圈钱。这让她赢得了无数"辣友"的信任。

再比如 360 的创始人周鸿祎以敢说敢言、敢于挑战而闻名。2010 年，他以"保护用户隐私"为由，带着 360 点燃 3Q 大战，为自己赢得了不畏寡头的人设。于是，每当互联网出现大事，网友们都希望周鸿祎出来说几句。

可见当你对别人产生了价值后，别人就会相信你。

你可以想想你相信一个人的原因，是不是因为他们对你产生了价值？你的朋友，因为对你产生了陪伴的价值，所以你相信他；你的父母，因为从小到大供你吃穿，也对你产生了价值，所以你相信他们；你朋友圈的微商，因为看他的朋友圈，你要么能买到合意的东西，要么能学到东西，要么你能受他影响，这些都是他对你产生的价值，所以你相信他。

人有价值，是以你对别人的使用价值存在为前提的，你要是只对自己有用，对别人没用的话，那么你即使学问再高，关系再强，于他人而言，也是个没有价值的人。打造IP的人，要弄清楚自己的产品和服务究竟有什么价值。很多人觉得自己做内容就是做了产品，也就成了商品，可是这个内容是不具备交易价值的，因为内容没有明确的使用价值。也就是你对别人没有使用价值，所以你这个市场中的个体，也就不会有价值。而使用价值是价值的物质载体，价值寓于使用价值中。

所以，只有让内容实现商品的价值，让消费者得到使用价值，你的个人IP才具有价值。

第4章
打造个人IP需具备的能力

表达欲,想说敢说乐于分享

做个人 IP,不一定非要具备过硬的专业知识,也不一定要具备表演天赋,但一定要具备很强的表达和分享欲,不然注定失败。因为做个人 IP 的底层逻辑就是要不断输出内容,然后影响他人。而无论是文字的输出还是视频的输出,无非是一种表达能力和分享欲望。

有分享欲的人,赚钱很容易,这是无数案例验证的结果。很多人喜欢做与结果对抗的事情,比如"我就不爱发""我就觉得那种行为很烦"。如果有这种想法,想要打造属于自己的个人 IP,其实是挺难实现的。

我们每天都在说个人 IP、人设、个人价值,这些其实都是你不断向外去展示和分享自己的生活、工作、角色、观点、知识等产生的。如果说个人 IP 决定了你向外展示怎样的自己,那么分享欲就是你能不能做好个人 IP 的基础。

很多新创业者喜欢说的一句话是:我什么都不会,我感觉没什么可分享的,我学习学习再开始。事实证明,抱持这种"什么都不会分享"的念头,会让你在打造个人 IP 的路上止步不前。

不懂分享的人不会成为牛人,因此,只有不停地把你的知识分享给别人,给别人带来价值,别人才会信服你,而你也才会成为那个在众人眼中有价值的人。

打造个人IP也好，做自媒体也罢，这个过程就是一个分享的过程。有的人喜欢分享穿搭，成了一个穿搭博主；有的人喜欢分享美食，成了一个美食达人；有的人擅长写作，分享自己的写作方法，成了一个知识型IP。

分享欲本身就是热情和爱，而热情和爱，是最高的能量，当然挣钱也最容易。因此，如果你不是抱着"我想把这些美好分享出去"的想法，那么你想成功打造个人IP的梦想将很难实现。有句话说得好，分享是付出的开始，助人是最终的到达。可见，分享就是付出，付出必会助人，而助人终会助己。

有不少人在自己的领域很专业，也有强大的知识体系，如果乐于分享出来，那么就能达到助人助己的目的。

比如，你是卖祛痘产品的，就把自己多年的经验通过各类平台分享出去，教别人怎么祛痘，怎么预防长痘痘，吸引的全部都是对痘痘关心或者想要祛痘痘的粉丝。持续分享经验能够让你与你的潜在客户间建立深厚的信任感，分享得越多你的个人势能越强，成交客户就会越多，越简单。这远远比使用各种技能方法成交客户容易得多。高能量来源于你在你的领域持续深挖获得的专业经验，更重要的是持续分享出来，让更多潜在客户感受你的专业。别人都在卖产品功能，而你卖的是你在这个领域的多年经验，以及你能给用户解决的问题。

首先，想想自己喜欢什么话题，比如喜欢美食就选择生活领域，喜欢画画就选择美学教育领域。只有对某个话题感兴趣，才会千方百计想办法做好。其次，当你对某个方面的内容非常感兴趣时，也一定会经常关注和了解这方面的内容，并且在借鉴别人的同时，也会有自己独到的见解。这样在自己创作的时候通常会比较轻松，内容上也能更有特色。

通常我们会看到一些视频类的自媒体创作者，只是分享一些自己的日常生活经历，就有很高的播放量。这些日常生活经历就是他们感兴趣的话题和爱好，因此也是一个选择的方向。比如，如果你是个宝妈，那么就可以分享带娃的话题；如果你是个学生，就可以分享校园话题；如果你是个菜农，就可以分享瓜果蔬菜的话题；如果你是个瑜伽教练，就可以分享与瑜伽有关的话题。总之，内容的选择上很宽泛。

另外，如果自己实在找不到适合分享的东西，就可以借鉴别人的小视频或那些做得好的自媒体号，看看他们都在传播什么，从而效仿。

所以，打造个人IP前，找到合适的分享话题，即自己关注的强需求点，是个不容忽视的步骤。

当你圈出了自己要分享的领域，就要想一想，你每天最喜欢和别人聊的3个话题是什么，以此来找出自己喜欢和别人分享的内容，同时也是自己擅长的内容，这样就等于在打造原创内容和个人IP上迈出了第一步。

影响力，自带气场成为意见领袖

个人IP做得好的人，往往都具备一定的影响力。简单来说，影响力就是，别人想到某个问题的时候就想到找你。总的来说，形成影响力的关键点有以下 4 个。

一是品格：你本身向周围人散发出的魅力，用个人魅力吸引粉丝。

二是知识：你的谈吐和整体认知，让粉丝对你持续保持认同感和新鲜感。

三是情感：每个人与生俱来的与别人产生共情的能力，以此来拉近与粉丝的距离。

四是技能：掌握的专业技能或其他技能，能给粉丝带来价值。

如果具备了这些魅力，你就成了意见领袖。

意见领袖的话语类型偏好是观点评论型和幽默调侃型，这两种话语类型都比较容易引发追随者的互动响应。意见领袖所发布的信息不但可以获得大量网友的评论、转发，而且大部分网友都对其观点持肯定态度。此外，网友转发的意见领袖的内容又会影响其他的追随者（粉丝），进而使意见领袖的影响力不断扩大。

意见领袖，顾名思义，就是别人在某件事情上反复斟酌却不能做决策时，能够利用已经在人们心里建立起来的信任，就这件事情发表意见从而能够主导人们的决策的人。

想要具备影响力，成为某个垂直行业的意见领袖，就要具有持续输出有价值内容的能力，在自己的细分行业有话语权，潜移默化地影响粉丝心智，逐步树立在细分领域的权威。

举几个例子：

"醉鹅娘"在酒仙网上卖红酒，销量直接 PK 掉几家大公司的营销团队。

KEEP 上的各类健身达人一边分享着自己的健身经历，一边为各大品牌代言，玩着就把钱赚了。

得到App上一个人主理一款付费专栏，用户一年的订阅费用是199元，一个专栏几个月下来就有超过10万人订阅，也就是说一个主理人一年的收入就有2000多万元。

这就是成为意见领袖以后变现的秘诀。

对于粉丝来说，获取需要的内容是建立连接的基础。粉丝关注IP，前提是获取自己需要的细分行业内容，这样才会对IP进行持续关注。如果一个IP所聚拢的粉丝是比较精准的粉丝，具备较高的商业价值，且粉丝愿意为IP付费，那么此IP就具有较好的变现能力。对于平台，需要大量优质的垂直行业IP标签来分配流量，垂直深耕的IP更容易被识别，分配到更多精准流量，粉丝成交率更高。如此，对于垂直细分领域的IP来讲是一个不错的良性循环，会不断地有精准粉丝导入，不断提升影响力，形成"优质创作→粉丝变现→铁粉捧场→精准吸粉"的良性生态循环。

影响力不是一开始就有，需要有一个不断积累的过程，也是粉丝不断相信你、认可你的过程。也可以这么说，你的影响力就是不断地将自己的形象展示给别人，那么具体要展示什么呢？

1. 展示你的成长

没有人愿意靠近一个不上进的人，因此想要影响别人，你必须是一个持续进步和努力成长的人。关注你，别人能从你的成长看到希望和榜样的力量，因此你的成长要有结果来支撑，你可以展示自己不断变好的外在形象，也可以展示自己取得的成绩，帮助了多少人等。

2. 展示你的专业价值

让别人觉得你是值得信赖的人，你对于自己所从事的行业既专业又认真。比如，你是健身教练，就要展示你帮助别人减肥成功的案例；你是英语教练，就要展示自己帮助别人成功取得英语成绩的案例；等等。如此，人们对你的信赖就会增加，同时也能突出你的专业性，慢慢你就有了影响力。

3. 展示你的价值观

任何一个 IP 都会有自己的调性，也就是对外展示出来的价值观，这些价值观可以是你的消费观、你做人的原则、你的初心、你的为人处世等。群众的眼睛是雪亮的，你是不是一个具备正向价值观的人，很容易被别人看出来。

4. 展示你的能量场

同频的人往往彼此吸引，你是什么样的能量，就能吸引同样能量级别的人。能量就是你的精气神儿，你的干劲儿，你的实力，你的勇敢和自信，你的坚持和坚韧等。有一个做家庭教育的老师，自从开了账号后，雷打不动坚持每天早六时、晚七时进行直播。一年365天，当人们还在被窝里不想爬起来的时候，他已经精神抖擞地坐在了直播间。三年下来，他吸引了几万精准粉丝，大家都被他的坚持与坚韧所打动。

总之，个人IP所体现出的影响力就是你能够说服别人，而别人也相信你的话。因此，你的整体价值就凸显出来了。

个人IP是设计出来的

统一性，人设和内容要和谐一致

人设对于个人IP的打造来说，就是指品牌的人格化表现。通过你的名字、昵称、头像、文章、视频号等，就知道你是干什么的，能为什么人解决什么问题，你有什么特点等，这些综合起来就形成了一个IP的人设。

比如，法学教授"罗翔"打造了一个"法外狂徒"张三的虚拟IP人设，竟然在B站有几百万的粉丝，更有了"张三宇宙""张三普法""张三日记"等系列账号。罗翔老师由此被称为：

刑法单口相声一级选手；

新晋B站顶流；

一天一百万粉丝光速涨粉机；

法外狂徒张三创始人；

一丝不苟治学严谨的B站法考第一网红。

这就是他的人设。

IP人设的定位在某种意义上讲是确定的、稳定与连续性的，前后行为与内容的一致与叠加，有利于实现在粉丝心中账户价值的增长。

人设说到底是一个人在大家心中的形象，之所以要求人设和内容要和谐统一，是为了增加辨识度。打造个人IP，你的言谈举止和服装、行文风格等都必须要符合你要传达的内容。如果你要打造一个居家能手的个人IP

形象，那么你就需要用家庭装、主妇装来强化自己的 IP 人设。如果你是做设计的，那么你的作品和人设就要符合一个设计师的人设。

如果一个穿搭类的博主每天发穿搭类的内容，那么关注他的一定是喜欢穿搭的用户，因此这些用户相对他的运营方向而言，流量就是精准的。如此，在后续仍然持续不断地去发布穿搭类的内容，用户就会更加喜欢阅读，同时随着影响力的不断扩大，也会更容易引起新用户的关注。反之有些小伙伴觉得什么火发什么，什么吸引眼球发什么，甚至做起了内容搬运工，从其他平台迁移了一些娱乐性的内容，这可能让自己的单篇笔记具备不少的点赞和收藏，但对于涨粉来说，基本是毫无意义的。并且因为自己发布的内容过于多元化，使得系统对于该博主的定义也是模糊的，因此推送人群也会变得更加多元化，最终吸引来的人的爱好也五花八门，而当他们看到博主发布的蜻蜓点水式的大杂烩般的内容，也会很容易丧失兴趣，从而转身离去。如此，粉丝数量必然上不去。

如何打造人设？先要确定自己的身份，该说什么样的话，想在别人的心目中建立起什么形象等。有了这样的人设、身份，再做符合身份的事情，卖符合这个身份的产品，一切就顺理成章了。所以，在没有确定身份和价值感前，盲目地去输出内容，必然是徒劳无功的，自然也形成不了 IP。

一个人的标签就是自己输出的价值，一旦形成个人标签，那么所有的内容都要围绕这个标签去打造，与标签无关的事情就不做。比如，你是做运动健身的，那么就要围绕减脂、塑形、瘦身等话题去输出内容。如果你是做企业培训的，那么就要从营销、团队精神、盈利等方面去输出内容。

在统一性方面首先要做到"观点一致性"，即你的观点、你的表达，要符合你的真实身份及三观。比如你分享的观点，如果是真实的，与你是符合的，都来自你在业内走过的路、踩过的坑，那么讲出来就真实又自然。但是如果你讲的东西是假的，与"三观"等也不符合，那么就会有种违和感，也没有说服力。其次是"人设一致性"，即你在身边最熟悉的朋友眼中是什么样的？你最动人的时刻是什么样子？它们与你所打造的个人IP形象有没有无限地贴近？所以，有这样一个公式：观点一致性 × 人设一致性 =IP形象一致性。两个一致性，只要任何一点出现崩塌，最终的IP形象都立不起来。

比如秋叶大叔，只专注于职场办公技能的教学；刘润老师，只发布商业相关的内容；罗翔老师，只从法律的角度跟用户交流。这些大IP已经向我们证明，平台和用户都喜欢稳定输出、风格一致的内容账号。

所以，打造个人IP一定要做精准内容的输出，你专注在什么领域你就输出这个领域的内容，要具备客户思维，客户最关注什么你就提供什么，这就是你的价值。

稀缺性，与其更好不如不同

经济学有条铁律："物以稀为贵。"这条铁律放在创建个人IP上来讲，也同样适用。因为人无论是卖什么，最终卖的都是与众不同的稀缺性，也就是"不可替代"性。但凡能够出圈的IP往往都表现得让人耳目一新或眼前一亮。如果都输出一样的内容，那么内容再好也会失去新意，无法吸引人。所以，在打造个人IP方面，要追求那种人无我有、人有我奇的稀缺性才能脱颖而出。

现在是信息泛滥的时代，每天都有无数的信息在产生，而信息同质化的现象也越来越严重。此时，如果你输出的内容没有"与众不同"，那么就会陷入"与众相同"，很容易被用户忽略，淹没在信息的海洋中。有一句话叫作"要么出众，要么出局"，用其来形容个人IP的打造真是再贴切不过了。目前做自媒体的人很多，打造个人IP的人也很多，但内容同质化现象十分严重，很容易让观众产生审美疲劳。

因此打造IP内容，一定要从内容的稀缺性上下功夫，找到适合的内容营销风格与个性，通过独特的声音与视角，让内容出新，让用户容易记住，进而引发关注及转发。

所以，创建个人IP，不仅要让内容精良，更主要的是注重内容的稀缺性。

举个例子，比如说你长得非常漂亮或非常帅，其实也可以做IP。这种稀缺性也容易让人记住。但如果你长相一般但特别有特点，其实也很容易火。相信大家在抖音或小红书上都看到过有些人虽然长得不帅，但很有特点，这种稀缺性也能够被人记住。但这只是外观层面，如果是专业层面的话，美食、穿搭、营销等，特别有专长也可以。或者你做过10个不同的生意，但全部破产了，其实这也是一种稀缺性，大家也愿意看，看你百战归来心不死，教大家如何避坑，这就是我们所说的人间真实。

普通人如何把自己的IP打造得有特色，让人觉得很稀缺从而眼前一亮呢？可以从多个方面进行，如时间、环境、服装、化妆、道具、人物、动作、台词、剪辑技巧、拍摄技巧等。把一件平平无奇的事情拍摄下来，通过改变环境、服装、化妆、道具等变成稀有奇特的展示效果。如果你是一个知识博主，你一本正经地坐在那里科普知识可能没有几个人愿意听，或者有太多这样讲知识的人使得你的内容无法脱颖而出，但如果你把科普知识变成一个小的情景剧，加入幽默元素，效果就会大大不同，这就是特色与稀缺性。如果想做知识付费类的IP，可以选择一些小众的细分领域去做。现今，人们不再追求大众化的品牌和产品，而是偏向追逐一些小众化、多元化的有情怀格调的产品。比如，你做自媒体培训，这个概念就很宽泛，不如说你做抖音培训，或者是公众号培训、配音培训、写作培训、演讲培训等，更容易打造个人IP。再比如，情感培训也是一个很大的概念，你可以选择一个方向，如婚姻咨询或者是如何做离婚后的复合等，这些小的细分领域会更容易成功。比如，做电商培训的，电商也是一个很大的概念，但选择专门做淘宝或闲鱼培训等，就很容易吸引人了。

一句话，在人人都是自媒体的时代，与其追求更好，不如追求不同，着重打造内容的稀缺性。

专业性，让人信服的知识才是硬通货

专业性是IP的最基本要求，无论是深耕于某个行业，还是一个综合IP，都要具备专业性，为用户提供信息增量、价值增量。

有些人急于求成，进入一个领域还没有多久，内容还没有获得用户认可，就想着如何变现。但做内容这件事情，是需要时间来打磨的。如果一个人本身在某个领域有很深的积累，同时表达功底也不错，那么也许会很快在社交网络出名。很多一夜爆火的IP博主，都是因为其本身的厚积薄发，而不是刻意而为。

举个例子，"毒舌电影"为什么不管写公众号文章，还是搞抖音电影解说都有很多粉丝？因为该公司真的有大量电影大咖，他们对一部电影的认知，可以做到专业水准，而不是看完只会说，这部电影拍得真好，真妙。所以人家做这件事叫顺其自然，只不过是借平台的影响力来放大自己的才华而已。而很多人也想着模仿毒舌电影，但也只是模仿风格，内涵很难复制。所以，我相信，做IP最好的方式就是顺其自然，知道自己的优势，知道目标用户喜欢什么样的内容，然后去执行就可以了。如果你需要很努力、绞尽脑汁才能做一件事情，那么这件事情本身一定是不可持续的。

我们时常说"这个人有权威吗？怎么样？"这时我们考虑的综合因素往往是"这个人到底怎么样，靠不靠谱，专不专业，在行业内做了多少年等"。技术干货、案例分享与结论、专业领域的常见问题解剖与解决方案是很好的IP养料。你分享的内容如何，群众的眼睛是雪亮的，专业的人不论以文章、视频或其他任何形式进行内容分享，都不会空洞，能够让客户阅读完有所感悟与收获。

打造个人IP充其量是一个营销自己的过程，我们经常看到不少做销售的，不论卖什么都会在朋友圈说："你正好需要，我刚好专业。"这句话其实没什么效果，因为专业不是靠喊出来的，而是要让客户觉得你专业才行。我们自己买东西也是一样，很多时候，我们的购买是在感受到对方的专业性以后，才会下单购买。而现在有些卖货的人，根本不会体现他们的专业性，只是一味地喊口号：你正好需要，我刚好专业。

所以，打造个人IP你可以不是一开始就具备专业性，但要持续学习让自己在所在领域具有专业性；如果你本身具备一定的专业性，那么就要持续深耕，让专业大放光彩。如此，定能打造出一个好的IP人设。

情绪力，调动粉丝情绪才有凝聚力

人对某件事情产生认同大部分不是基于理性，而是来自情绪。因此，想要赢得粉丝青睐，离不开对他们情绪的把控。而凡是把账号经营得好的头部主播，无不是调动粉丝情绪的高手。

在心理学上把"掌握粉丝的情绪"叫作"讨好大象"，这是心理学家乔纳森·海特给出的比喻。他把人的情感和情绪比喻成"大象"，把理智比喻成骑象人。看似骑象人（理智）在指挥大象（情绪），但事实上，如果情绪与理智发生了冲突，情绪往往不受理智的控制，很大程度上情绪在引导理智。所以，"讨好大象"准确地说，就是你的IP内容不要让用户理智上觉得对他有用，而要让用户在情绪上被你刺激。

如何正确刺激用户的情绪呢？要知道谁都喜欢积极、美好的情绪，根据这一点，在打造内容与用户互动的时候就要有所侧重。

大部分用户阅读内容，主要是为了满足理性与感性的心理触达诉求，情感上的需要比生理上的需要来得细致，比如愉悦、愤怒、悲伤等。总之，能让用户看完觉得很爽，就是超高标准。当然，这就要求我们在创作内容时要找到与目标用户相匹配的情绪，然后满足他。比如，很多幽默短文和视频就是希望用户在充满压力的生活中能够放松身心，所以这类型的内容转发率很高。

此外，能够引起用户做出具体行动上改变的内容才是其更深层次的需求，因为这方面的内容才是真正意义上有用的知识。在这里补充一个知识的判断标准：能引起用户思维或行为上改变的信息，才能称得上知识。如果你所提供的内容能够帮助用户实现他的理想和抱负，提高他解决问题的能力，那么就持续给他提供类似内容，这是最高标准。具体做法为：找到目标用户成长的障碍，给出相应的解决措施。现在很多知识型的 IP 之所以能够得到关注，是因为他们能够给出让别人解决问题的具体方法，因而得到了大部分人的认可和关注，比如，教别人如何提高演讲能力，如何提高育儿水平，如何提升企业领导力等。

再比如，因奉献爱心而火爆全网的鸿星尔克：

2021 年，河南水灾期间，鸿星尔克捐款 5000 万元，让这个品牌一夜爆火。在危难面前，鸿星尔克体现出了家国情怀和敢于担当的社会责任，引起了广大网友的共鸣。在曾经的某次采访中，鸿星尔克创始人吴荣照就表示，"企业的命运和国家的命运是紧紧联系在一起的，因为有国才有家。只有国家强盛了，我们的企业才会强盛"。勇于担当的社会责任，是鸿星尔克的价值观的基础。细心网友发现鸿星尔克的官微账号"穷得没开会员"。家国情怀，配上企业"落魄"的背景，再加上巨额爱心捐款，一下就让网友感到了心酸。除了为其充值微博会员到 2140 年之外，强烈的情感共鸣，刺激网友自发地宣传鸿星尔克的感人事迹。短短几天，鸿星尔克全国门店线上线下商品售罄，实现了短时间涨粉千万。

这就是调动粉丝情绪很好的一个参考案例。直播带货产生的共鸣是互联网的一个情绪，是网民在满足自身娱乐的同时完成的报复性感恩。鸿星尔克给了大家一个情绪的出口，因为疫情大家的爱国情绪无法表达，因此才会出现"野性"消费、刷爆直播间的现象。

所以，当你具备了调动粉丝情绪的能力，就有了让自己的IP破圈的潜在实力。这时有人要问了，普通人怎样才能具备调动别人情绪的能力呢？可以从以下几个方面入手。

1. 为用户提供谈资

你的内容能给用户提供谈资吗？比如，有些颇具观点和争议的内容，大家一般比较喜欢转发。像"现在的年轻人为什么不着急结婚了"等这样的议题，人们很容易讨论，容易传播开来。

2. 帮助用户表达想法

你的内容能帮用户说出他内心想说的话吗？能帮助他们表达一直压在心底的想法吗？比如，有一个视频是家长吐槽教育乱象的，里面讲的句句都是大实话，这样一来人们肯定喜欢转发，因为帖子把自己不敢说的话都说了出来。

3. 帮助用户塑造形象

你的内容能帮助用户塑造和强化他们想要的社交形象吗？足球迷更容易转发世界杯信息，不是吗？如果你的内容有面向某个领域的针对性，那么处于这个领域的人一定会喜欢。

4. 满足用户的利他需求

你的内容能够让用户帮助自己的朋友、家人、同事，完成利他的举动吗？比如"如何劝自己的父母不上伪劣保健品的当"，这样的帖子在父母眼里往往带有权威性，父母可能不听你的话，但却会听这些专家的话。

所以，这些话题都是能够引发公众情绪和共鸣的议题，能大大提高转发和分享的概率。

因此，我们在平时创作内容的时候就要养成对情绪关键点的收集。

1. 找到情绪的发力点

普通人对于情绪的关注无非是幸福或不幸，所以要多在这方面下功夫，当人们越发焦虑的时候，如果你能创作出一个安抚他们焦虑情绪的内容，稳定他们的情绪；当人们孜孜以求实现不了自己内心的需求时，如果你能创作出一个让人们"慢下来"的内容，匹配人们的情绪，那么就是找到了情绪发力点的关键，切入了当下人们的心情，引起人们的关注就很容易了。

2. 把情绪和产品结合起来

比如，迪士尼代表快乐和放松，80后人群代表的是怀旧，李子柒代表的是田园式放松……当你的产品或内容与人的某种情绪结合起来，即使不去刻意宣传，也有很多用户愿意为它买单。

3. 想办法成为情绪的代言人

用情绪的价值来包装自己的IP形象，让IP和情绪相辅相成。

4. 情绪要真实

无论是快乐还是幸福，不幸还是忧伤，情绪都要真实才行。只有真实的情绪才能打动人，引起共鸣，起到安抚人的作用。

5. 通过热点事件和社交媒体进行情绪采集

尤其在一些重要的新闻事件发生之后，看看社交媒体上的人们在议论什么，从大家的共同情绪里去找最符合当下的情绪，然后有针对性地去制造话题，这样就很容易找到与粉丝相连接的情绪。

俗话说，要想钓到鱼，就要像鱼那样思考，而不要像渔夫那样思考。想要让别人帮助传播和裂变，就必须站在消费者和观众的角度思考问题。但是，很可惜，现在有很多人不知道这一点，他们往往喜欢站在自己的立场思考问题,而不能很好地分析他人的动机和心理需求。

6. 懂得换位思考,有共情的能力

一个受粉丝和用户喜爱的 IP,一定是建立在了解客户需求的基础上。那么怎样才能了解客户的需求呢?就需要一种换位思考的能力。那些高境界销售所拥有的就是换位思考的能力,也可以称为共情的能力,就是理解并支持对方,善解人意,这是几乎所有人都希望拥有的能力,每个人都希望对方能够用这种能力来安抚自己。但在现实中,很多人都没有这种能力,且很多人都习惯了讲道理,教育对方,而不知道对方需要的其实是共情。

"情商之父"丹尼尔·戈尔曼说:"换位思考,是情商的核心能力,也是人类天生的能力,但一直没有受到应有的重视。"换位思考是让人与人之间从情绪、认知、观念等方面建立"连接",达成共鸣,让沟通更有效,最终达成共赢的局面。

如果只是站在自己的角度考虑问题和说自己想说的话,往往就找不到顾客的真实需求,所以要进行换位思考。走出自己的世界,走进对方的世界,与对方的内心进行对话,把他带到他世界的边缘,把他带到你的世界。如此,我们创作起来才会更容易,也更容易引人关注,获得成功。

"说人话",表达观点要能让人听得懂

现在流行一个词叫作接地气。简单理解就是,无论你想表达什么内容或观点,一定要让人听得懂,如果云山雾罩地说一大堆貌似很有学问很高

深的话，这样并不能让观众买账，因此一定要通俗易懂。不要总想着讲什么好词，用什么高级逻辑，追求那种别人都听不懂的"高深"风格。要知道，高雅的文字和精致的辞藻很有可能会喧宾夺主，莫名其妙地拉高信息密度。这样不但不会吸引人，还会让人觉得这个视频不说"人话"。越是让观众觉得简单的东西，观看体验越舒服。做个人IP也是这样，越说大白话，越能拉近与观众的距离。因为，表达的重点不在于说，而在于"懂"。从听者的角度出发，能让听者无障碍地听懂才是正确的做法。

把专业的话说得浅白易懂，需要扎实的专业功底和一些小技巧。为了让人容易接受自己的表达，可以适当牺牲一些信息的精确度。因为只有让人接受了，才有机会向人表达更精确的概念。

不说"人话"是什么情况呢？原因可能有两条：一是对自己所在领域的专业知识理解不扎实，说话抓不住重点。大家会发现，越是有智慧的专业大家，越是会深入浅出地表达自己的专业研究。二是缺少一点小的技巧，不知道如何去把复杂的问题说简单。

比如一个空气净化器的静音性很好，噪声只有28分贝，这样就很难理解，这样是多静呢？普通人没法感受。但是如果这么说：它运转的时候发出的声音，就像一只蝴蝶扇动翅膀发出的声响。这样一说，就非常好理解了。

人与人沟通的目的是信息传递，并不是声音是否好听，用词是否华丽；有些人为了修饰声音，而故意在语句中加上停连、重音或语气等装饰技巧；甚至有的人总想用一些显得"高大上"的词汇，从而撇开了原本的发声习惯和说话习惯，最终让声音变得僵硬、不自然，表达出来的状态就是做作。这样显然是不行的，这就需要改变说话的态度，也就是正常说话。其实，越是像拉家常一样讲话，越能引起别人的共鸣，让别人在听懂的基础上还会觉得你亲切、自然。

　　劳斯莱斯之前就很想突出它的车内静音效果好，但一直没想到好的表述方式，直到一位广告大师给其定制了一个文案："车在以 90km 的速度疾驰时，车内最大的噪声来自钟表的嘀嗒声。"看吧，很简单，大家都明白，就是这个文案，形象地突出了劳斯莱斯的静音性，也让劳斯莱斯销量大涨。

　　除非你所传播的内容非常专业，需要用到各种数据和各种专业名词；再或者你想要过滤掉一些人群，只吸引某个行业、领域的人群，而把内容做得高深莫测，否则你就要明白，你的内容和观点越清楚、简单，你的受众就越多。因此，不要把自己的"人设"弄成一个拒人于千里之外的形象，那样人们就会因为"听不懂"而远离你。

　　有句话说得好，越讲"人话"流量越大，越不讲"人话""凉"得越快。

　　比如，一个带货卖宝宝辅食的账号，对着产品后面的配料表上讲"绿色、零添加、宝宝肠胃无负担"，这样说就不是大白话，而是应该换成："这款产品就跟咱们自己家做的一样，面粉和蔬菜粉，里面没有油盐等任何过敏物质，孩子爱吃好消化。"这就是更接地气的大白话，妈妈们会更爱听，也更容易理解和放心。

　　所以，在为自己的内容做介绍的时候，无论是说话的脚本还是写出来的文字，都要自我检测一下看是不是太"装"了，假如换成别人这样说的话，你会不会感到不舒服。一定要想想听你说话的人是谁，他们更乐意听什么样的语言，自测完了后再投入你的文案，这样能够保证内容不会偏离太多。

　　但把一个深奥的道理说得简单明了，让人一听就懂也不是天生的能力，需要不断学习和提升，要多去学习那些说话接地气的大 V 们，借鉴他们的成功之道，来成就自己。

第5章
个人IP内容脱颖而出的秘密

确认自己的知识领域和兴趣所在

我们每个人都有某些特长,但不是每一个特长都可以拿来打造IP,我给学员的建议是找自己天赋、兴趣和能力之间的交叉点,而这个点是最适合自己拿来做定位的。我不会推荐学员去追求那些全新的事物,而是推荐学员从自己已经拥有的资源出发,这才是自信的来源。

著名的职业指导专家约翰·霍兰德曾提出了一个具有广泛社会影响力的霍兰德职业兴趣理论。

霍兰德认为,人的人格类型、兴趣与职业密切相关,其中兴趣是人们活动的巨大动力。而凡是具有职业兴趣的职业,都可以提高人们的积极性,促使人们积极地、愉快地从事该职业。

他把人的职业兴趣分为六大类型:实际型、研究型、艺术型、社会型、企业型和事务型。不同的类型所从事的工作不同,做出的成绩也不同。从创业和营销的角度来看,每个人打造个人IP的过程,都是放大自己的兴趣和所从事的职业的过程。

幽默的人,提供各种笑话,可以成为一个搞笑达人;拥有丰富职场经历的人,可以把自己打造成职场规划达人。所以,做内容之前先确认自己的知识领域和兴趣所在是关键。你是瑜伽达人还是漫画高手?是做教育知识传播还是心理学婚姻咨询?是跳舞还是做饭?总之,你擅长和喜欢的不同，最终表现出来的内容也不同。试看当下在互联网平台上创业成功或小有成就的人无不是做自己擅长又喜欢的事的。

什么是自己的知识领域和兴趣所在？通俗地说，就是自己持续感兴趣的事情。比如笔者，对幼教领域非常感兴趣，知道自己哪怕一开始做得不是很好，但却有信心一直坚持做下去。通过做这一行，笔者积累了宝贵的知识财富，它们能够帮助笔者净化焦虑、管理情绪、蓄积能量，让笔者以饱满的热情投入工作中来。

那么如何找到自己的知识领域和兴趣所在呢？这里提供以下几个途径和方法作为参考。

（1）从自己喜欢看的书、从事的工作入手，结合自己所学的专业背景知识，列出自己喜欢和擅长的领域及知识，然后从中选出一个自己最擅长和最喜欢的领域及知识。

（2）找到你的兴趣所在。这里的兴趣多指日常兴趣爱好，也可以包括专业能力。它可以是读书、画画，也可以是健身运动，还可以是美妆护肤、穿衣搭配、亲子育儿……不要低估自己的任何一项爱好，说不定它就是你的下一个完美商机和创业契机。

（3）找出你过去做过的所有工作，尽可能完整地说出工作中特别令人兴奋和满足的东西（满足之处）和那些特别令人厌倦或灰心的东西（不满足之处）。对那些做起来有成就的工作，人们往往会投入更多的热情，而且也不会因为受到挫折轻易放弃。

（4）挖掘自己擅长的知识和兴趣爱好之后，要寻找二者之间的有趣的组合方式。比如，一个人的兴趣爱好是旅行、运动，擅长的是写作，那么二者的有趣组合方式就是"旅行/运动＋新媒体写作"，或者是把旅行见闻或运动心得写成可传播的文字，把自己打造成为旅游或运动博主。

（5）思考一下，自己做出来的内容怎么可以做到与众不同？如何在你喜欢且擅长的领域脱颖而出？就拿上面所讲的举例，旅游和运动博主很多，如果你是一边旅行一边记录风土人情并将其拍摄成为有趣的小视频，那么就会与普通的公众号或博主有很大的不同。

在做内容之前确定自己的知识领域和兴趣所在非常关键，尤其在竞争越来越激烈，人人都有几把刷子的今天，你必须是独一无二的自己，是不一样的自己才行。

比如，从2019年开始，笔者决定：第一，做自己擅长的事，成立"托育星球"，将自己打造成早幼教领域的媒体IP，集中精力输出优质内容；第二，赚自己该赚的钱，剥离下园帮扶之类的重资产业务，将核心业务聚焦在"互联网+教育"的轻资产领域，为行业内品牌赋能；第三，回归将领角色，精简团队，自己带兵打仗。

在认定自己擅长并喜欢的领域的时候，有以下几个注意事项：

1. 定位不能不切实际，也不能太过保守

一定是自己喜欢的，哪怕不是很擅长。因为不擅长的东西可以慢慢学习提升，但不喜欢却很难坚持下去。打造个人IP是一个长期的过程，没有形成品牌效应的时候需要有很大的毅力坚持下去。即使拥有了个人品牌，也需要持之以恒地去维护，否则很快就会被人忘记。

2. 重视标签效应

圈定了自己的领域之后要给自己贴一个可以供别人识别和记忆的标签。要敢于去做这个领域的"第一代言人"，集中火力打通这一点。然后围绕着这个标签做持续性的优质的内容输出。

真正认识自己和知道自己的兴趣所在是一个比较大的人生课题，而且兴趣也会随着周边环境的改变而不断调整。因此，一方面不要着急，要有耐心，抱着先完成，再完美的态度；另一方面圈定的领域要在经过验证和反馈后再确定下来，然后持续不断地去创造。

具备解决别人痛点和需求的价值

打造个人 IP 等于创业做生意，无论卖服务还是卖产品或是卖自己的知识理念，想要让别人认可你，无外乎四个字：满足需求。可以说，需求是创造一切财富的力量。有需求才会有买卖，有买卖才会有生意，有生意才会有盈利。这是一套良性循环，根源在"需求"。

像汽车的出现，是因为人们对于更高交通效率的需求；电脑的出现，源于人们对高效办公的需求；小视频的出现，源于人们希望在碎片化时间里放松；等等。移动互联网手机应用出现的原因也正是源于人们越来越多、越来越复杂的需求。这些需求只是众多需求中最基本的需求。而根据马斯洛需求层次理论，人类的需求有五层，在满足生理与安全需求之后，人们还会往上追求尊重需求、社会需求和个人实现需求。

想要你的 IP 具有卖点，就要找到用户的痛点。就像医生给病人开药，首先得找到病人身上的疾病（痛点），才能对症下药。一个能够变现并且持续变现的 IP 就是你解决问题能力的合集。也就是说，你靠什么去变现，取决于你的客户需要什么样的变现产品，比如你可以解决问题，你帮客户做自媒体账号，那么你的变现产品就是自媒体课程；你的客户需要解决情感问题，你的变现产品就是情感咨询。所以，记住一点，变现产品的形式是你解决问题的能力，这就是你的IP价值，你的内容打造必须围绕这个价值进行。

同样做IP，有的人会赚很多钱，而有的人则一分钱都赚不到，并不是你个人的能力高低决定的，也不是你的产品好坏决定的，而是你的目标客户决定的。比如同样教自媒体，如果你选择的用户是白领，那么他们可能非常轻松就能拿出几千元钱买课程、交学费；而如果你的用户是大学生，那么他们最多就只能买几百元的课；如果你教的是企业家老板，那么他们可能愿意拿出几万元来听你的课程。还有，你解决问题的价值高低决定了别人愿意付怎样的费用来买你的服务，比如同一个老板，如果你仅是帮他解决了一个问题，他可能只付你一万元；如果你在解决问题的同时还帮他招了商，那么他就可能支付你三万元。因此，在具备了解决别人痛点和需求的价值之后，还要看你的受众是谁，以及你替别人解决问题的能力，你解决问题的能力越强，你变现的能力也就越强。

个人IP的本质就是依靠知识进行变现，也属于商业模式的一种，说白了还是生意，只不过成交的场景在线上，而交付的是虚拟化的产品和服务。

我们总结那些知识变现成功的案例，分析了大量核心解决方案的价值点，发现这些方案，要么能帮助别人挣钱，要么能帮助别人省钱，要么能帮助别人省时间，要么能帮助别人变得更美，或能帮助别人获得知识等。也就是说，核心解决方案必须有价值，这是很重要的一个点，即必须有一套能够有效地解决别人的痛点和需求的方法。那么如何构建出属于自己的一套核心的解决方案呢？

1. 先搞清楚自己的初心使命是什么

初心使命是指，你的内容为了解决一个什么问题？目标用户是谁？本质是什么？满足哪一类人群的知识需求？比如，笔者做自媒体的定位和初心就是早幼教垂直领域，做成全国型的早幼教自媒体平台，带动有志于从事早幼教行业的人成为真正早幼教行业的同路人。

2. 解决方法不是孤立的，是相互交织成的知识网络

打造自己的个人IP需要将自己的知识和经验技巧不断地进行组织和连接，形成有效的方法论，这是真正的解决方案。早教托幼行业是一个多维度的行业，除了园所机构、连锁品牌、课程厂商等，还有行业垂直媒体。因此，在帮助早教托幼行业打造品牌IP的同时，也要把自己打造成早教托幼行业的一张专业名片。

3. 提供的解决方案不能太复杂

给别人提供的方案要简洁明了，让别人能够更好地理解和应用你的方案。比如，笔者的早幼教个人IP提供的方案是："托育星球"打造属于早教托育人的真正家园，无论身在何处都能让会员得到第一手的信息资料，快速知晓行情，最高效率破局。同时行业拥有资深导师助阵，为大家答疑解惑。简洁明了，方便理解。

4. 追求差异化

方法如果千篇一律就等于没有方法，首先，要做到表达方式的差异化。只有如此，才能在竞争中胜出。比如，"托育星球"就在传播方式上追求差异化。在传统的公众号文章之外，传播方式相对更加立体，加入了视频号、抖音号等视频影像的呈现方式，此外还有直播、课程、演讲等多种帮助品牌立体化传播的方法。其次，创业方式的差异化。比如，"托育星球"走的是单打独斗的路线，自己养活自己，虽然没有其他媒体或平台拥有资本和行业资源，但也不受资本裹胁，能够走出属于自己的特色。最后，目标市场的差异化。比如，"托育星球"目前还处于从中低端向高端市场进阶的阶段。这样一路从低走高，稳扎稳打，将来拿到头部资源指日可待。

微信创始人张小龙曾说："再小的个体，也有自己的品牌。"个人IP打造就是在打造自己的品牌形象，就是在打造对外的一张价值交换名片。要知道，粉丝越多，IP价值就越大；信任的人越多，生意就越好做。

现在的企业做销售，不再需要几百几千个人来参与，一个人一台电脑或一部手机，就能卖出过去百十个人的销量来。所以，销售模式在改变，人们的认知也要改变。可以说，现在的销售卖的不是产品，而是自己的影响力。

现在同质化的产品非常多，所以，本质上任何商品不是你卖给客户的，而是客户自己本来要买。无非是找谁买、买谁的这两个问题。客户即使不在你这里买，也会在别人那里买，所以竞争点就在你要比别人更有方法，更能解决别人的问题，这才是你立于不败之地的法宝。

吸引人的标题能够提高内容打开率

俗话说得好，题好一半文！这句话在蓬勃发展的新媒体时代，显得更加重要。当我们收到各平台的推文，吸引你打开内容的一定是文章的标题。一个标题的好坏取决于用户的打开率，而打开率影响着阅读率，阅读率又影响着平台的推荐数，环环相扣、相辅相成。尽管内容需要高质量，但如果没有一个好标题，用户不点进来，谁又能看到你的高质量内容或者干货呢？所以，不论你是靠撰写专业性的干货知识来吸粉盈利（粉丝变现），还是靠标题吸睛提高阅读量来赚钱（流量变现），都离不开一个好的标题。

"三分内容七分标题"，自媒体时代，大家都明白这个道理。我们费了很大劲做出的东西没人看，很可能是标题没起好；很多优质的内容不能被人们看到，也有可能是被标题给耽误了。酒香也怕巷子深，标题就是短视频和文章的名片，是第一次推销。标题已经成为内容竞争的第一战场！

在流量为王的时代，能吸引人打开的标题才是好标题。那么起标题要避开哪些坑呢？

1. 标题字数繁多

标题字数过多，尤其是人人使用手机浏览网页的时候，如果标题在手机界面都显示不全的话，人们怎么会点开内容呢？

2. 标题没重点

一条标题一定是点睛之笔，因此一定要表达出重点，不要让它承载太多信息，让人抓不住重点。

3. 过早透露内容

好的标题不像新闻标题，不能提前剧透，那样人们在有限的时间下，只要看到了你的标题，就已经知道概括的内容了，也就不想再打开看了。

以上这些写标题的硬伤一定要规避，然后要明白标题设置的原则，具体如下。

1. 简洁明了

无论是短视频还是图文类的内容，标题都要简洁明了，简明、直观、通俗地表达出视频的内容，不要含糊其词。尤其不能有过多的文字让网友失去耐心，直接划走，这样会使你精心打造的内容白白浪费掉，没人看。

2. 标题要体现价值

现在，碎片化阅读已经成为大多数人的习惯，标题成了人们筛选内容的依据。大家通过看标题来了解短视频或文章是什么内容，能获得什么信息，可否满足自己的需求。所以标题就要用简短的文字传达准确的信息，体现出其价值。

3. 标题要贴合事实

切忌变成"标题党"，不要为了追求新颖而写出与内容不符的标题，更不能为了夸张写虚假的标题。

那么，怎样写标题才能提高内容的打开率呢？

1. 让别人看到好处的标题

只有用户关心的内容，用户才会主动点击进来。因此，作为文章的标题，不仅要吸引人，更要让用户看到好处和他们关心的信息。不同的产品，有不同的好处，参考如下。

写作课：想要实现轻松写出10万+的爆文；

暖宫的打底裤：给小腹保暖，更好地保护子宫；

宠物：陪伴自己，让自己不再孤独。

只要用户需要这个好处，就会对此感兴趣；反之，即使这个好处再诱人，但和用户没关系，他也不会点击。

2. 以情取胜

标题虽然追求简洁明了，但也不能字数太少变得没有任何感情，好的标题一般在 20~30 字之间。标题的字数不能太少，太少无法为读者提供重点信息，也无法让平台更好地识别到关键词，进而无法更好地归类和精准地推荐给特定人群。而字数太多，太啰唆，又会影响用户的阅读体验。比如，"对不起是一种真诚，没关系是一种风度""为了未来美一点，现在必须苦一点""只要你能在我身边，其他都不重要"等等，这就是一种不长不短的标题，还含有强烈的情感元素。

3. 让标题留有悬念

好的标题也要给用户留下悬念，让用户能够产生马上点开文章内容的冲动。如果在标题中把文章的"底儿"露出来，那么就无法激起用户的阅读欲望了。一般可以用两种方法在标题中制造悬念：一是善用数字，适当地透露关键信息；二是在标题末尾使用疑问句，让用户产生思考。比如"探秘中国'长寿之岛'，这样的生活环境和生活方式，想不长寿都难""孕期吃火锅会导致胎儿畸形吗？"等等。

4. 让标题引发情绪

人是感性的，在看到一个标题后，如果与标题传达的东西产生了共鸣，那么就很容易点进去看内容。所以，在撰写标题时，应该多从用户的心理出发，了解用户的情绪点，以便引起用户强烈的共鸣，产生情感依赖。

个人 IP 是设计出来的

能被搜索到的标签和关键字

中国互联网的内容发展从帖子、门户、搜索到现在的算法，虽然形式在变，但围绕关键词的本质一直未变。那些能够成功曝光的账号，多数都在标签和关键字上下足了功夫，才能让客户很容易搜索到。

特别是现在的算法只能推荐，对于平台的使用者来说更有利，更公平。你在一个领域持续搞创作，占领那个领域的细分关键词。等用户搜索时，整个屏幕都是你的关键词。而且搜索过后，系统给这个用户贴标签，下次进来时，还会给他重新推荐你的其他有这个关键词的内容。这样，你就能保证有持续不断的流量进入。

以抖音为例：

抖音用户在进行搜索的时候，主要通过关键词进行。因此，在发布视频的时候可以在文案标题中带上相关的关键词，这样就可以达到匹配更多用户感兴趣的内容的目的。比如，标题包含用户搜索词、视频内容与用户搜索高度匹配等。在发布时，注意添加相关话题。

例如：你的店铺是做花草植物的，不知道具体上架什么产品好卖，搜出来的高点击词词根有绿萝、除甲醛之类的，这里的绿萝就属于品类词，除甲醛就属于属性词，这样你就可以确定除甲醛的绿萝是当前需求度很高的产品。然后用数据化选品，找到带有这些属性词的货源，上架到自己的店铺。最后将符合这个产品的高点击词组合成一个标题。这样一套操作下来，行云流水，这就是精细化运营。

影响内容被搜索到的因素有很多，包括账号名称、账号简介、视频标签、话题标签、视频字幕、背景音乐、文案介绍、粉丝数量、用户评论等多维度的因素。这些因素共同作用，决定了所发布的内容在大众视野内的曝光度。其中，账号名称与行业越具有关联性，粉丝数量越多或者视频内容越符合大众搜索指数高的视频特点，则该账号权重越高，越容易在用户搜索时出现在视频首页。

搜索的热度和平台相关，以几个大的平台搜索为例。

一是百度搜索。在百度上搜索关键词，可以看到腾讯新闻也就是企鹅号上的内容，还有知乎、网易号、小红书、百家号、简书上的内容。也就是假如你的文章同步到了这些平台，那么用户就能在百度上搜索到。

二是微信搜索。微信搜索目前支持的是公众号、知乎和简书上的内容。

三是头条搜索。头条上搜索关键词，最先出来的是头条上的内容，假如头条上没有，就会出现网易号上的内容。

四是知乎搜索。目前仅支持知乎站内的内容。

从以上搜索渠道不难看出，如果想要自己的内容获得全网的搜索流量，发布内容的时候需要把文章同步到至少3个平台，分别是知乎、企鹅号和网易号（可以带微信号，用户可以通过看文章加上你的微信）。头条号适合分享八卦、新闻和成长类的文章，而简书则是一个写作者聚集的小众平台，这两个平台可以选择手动同步，以上的操作做好了，内容就很容易被全网搜索到。

另外，要重视话题标签的大作用。话题就是一个笔记的标签，能方便系统更快地识别你的内容是什么，从而推送给你有这方面内容需求的用户。别人在搜索关键词时，你带有这样的话题，会更有机会让人搜索到。怎样添加话题更好呢？可以是精准话题加泛话题，比如"如何做好个人IP运营"，精准标题可以是#IP运营#，泛话题可以是#个人IP内容运营#。话题可以相对应地多加一些，这样会让你的内容有更多的被搜索和推荐的机会。

每个平台都有自己的运营逻辑，每个平台都会有自己侧重的搜索流，用户搜什么，平台就会推什么，明白了这个逻辑，你就知道了你的内容想要让别人搜索到，就要优化自己的关键词。例如，用户搜索"写作技巧"，如果你的内容的标题、标签和内容都出现了这个关键词，那么，你的内容就很有可能会出现在搜索页面里。在优化关键词的时候，首先，最好结合热搜词，通过热搜词榜，找到自己类目中最火的热词，运用到你自己的内容里，大概率平台会快速把你的内容推送给用户。其次，要紧跟平台官方节奏，而且速度最好要快，可以在做标题的时候把选题定在官方的任务池里，越早参与越有机会获取官方的流量推荐。如何去找官方最新的主推方向呢？以小红书为例，打开创作中心，看笔记灵感；然后关注官方账号，了解最新的平台动态，找到垂直类的平台账号，把跟自己类目相关的账号都关注一下，可以在搜索框中输入"薯"，点击就能看到所有的官方账号。

所以，内容想要被别人搜索到，关键词是核心，且需要从用户的角度来思考。比如，如果你想在某方面发现问题，那么你会先想到什么样的词呢？通过这样的换位思考，可以更好地找到有效的词语。但关键词不仅要以客户为基础，还要与自己所在的平台相关。否则，用户即使进来也会立即离开，也不会给站长带来任何好处。在确定目标关键词后，有必要对关键词的有效流进行分析。然后对网站流量优化过程中需要的一些关键词进行分析，并根据结果对网站进行重新优化。网站的关键词必须要直截了当，它们的产品应该是高度相关的。为了完成这项任务，很多优化公司在为用户优化时直接对网站名称进行优化。

根据粉丝群体打造垂直内容

我们在海里打鱼，并不是见水就撒网，因为一网下去是有成本的，直接撒网会亏本。因此，撒网前，一定要找到鱼群，且这个群一定全是一种鱼，这样一网下去打上来成千上万条同一个品种的鱼，不然一网下去有鱼有虾，乱七八糟，光分拣都需要很长的时间，你卖的那点儿钱还没人工成本多呢。同理，我们在做销售的时候，也一定要找到我们的用户群，也就是要找到谁是你的精准用户。

大部分销售都在问，哪里才有精准用户呢？来的都是泛流量。这是没有搞明白一个问题，即"你的产品哪些用户会用？"比如我们都知道的传遍大街小巷的广告语"今年过节不收礼，要收就收脑白金"，那么脑白金这个产品究竟是谁在用呢？一般都是老年人，他们是脑白金产品的用户，而为脑白金买单的年轻人就是你的用户。

再举个简单的例子，如果你是一家装修公司，你的用户肯定就是刚刚收了新楼没有装修的人，这些人在哪里呢？你就得去和销售处搞好关系，打听到哪天是新业主收楼的日子,然后你带着公司的宣传资料去现场找他们,向他们展示你们公司的价格优势、装修风格和装修口碑等,这样你才能找到精准用户。

什么是根据粉丝群体来决定内容呢?也就是为有相同特征、生活习惯、兴趣爱好的特定人群,持续提供有价值的内容。这样能够明确账号的粉丝画像,了解目标用户痛点,投其所好,针对这一细分人群的需求,制作有针对性的内容,并持续输出。让内容、观点与目标用户的需求相匹配,内容越垂直,就越容易在固定领域深耕,做出成果。

做个人IP,在最开始的阶段更要根据粉丝群体打造垂直内容,可以按照各自的类目确定一个粉丝阈值,比如在粉丝不超过万的情况下,坚决不做内容的分散。因为粉丝之所以关注你,是因为你写的东西或是你输出的知识对他有用有获得感,他才会持续关注你。有可能粉丝在看了你一篇内容后,愿意点你的所有内容进行浏览,如果这时候你的账号内容不垂直,用户可能会觉得你只有一篇内容对他有用,而其他的内容对他没有任何价值,就不可能有进一步关注的动作。等到粉丝过万以后,有些老粉丝已经对你天天发的知识厌倦了,如果你想调动粉丝的情绪可以适当调整发布的内容,不一定非要死磕内容垂直,这时候可以围绕账号产生多方位、立体化的内容。举个简单的例子,如果你开始只是一个育儿博主,等到粉丝量积攒多了,你可以发一些和育儿领域相关的内容,如给孩子做饭、亲子阅读、亲子旅游等内容也能留住粉丝,让他们对你的人设有更加饱满和立体化的认知,从原来的横向拓展粉丝变成纵向粉丝的收割,这样反而能突破粉丝的瓶颈期。

此外,在做垂直内容的时候还要看自己的类目,如果是真人出镜,就要让粉丝觉得你有温度，让新粉丝感觉你很专业，也就是说既要垂直又要新颖，不能千篇一律。垂直的内容只是代表垂直领域，而不代表一样的内容。因此可以根据相同的内容做出不同的选题，或在相同的选题中做出花样。

综上所述，正确的做法就是先利用垂直的内容吸引过来一些粉丝，有了粉丝基础，在这个基础上慢慢延伸更多满足用户需求的内容。如果没有做足一定的垂直内容，就无法确定自己服务的是哪类人群。真正的粉丝群体是随着内容、服务、产品的使用，逐渐沉淀出来的，不是自己臆想出来的。这也是垂直内容的精髓所在，不是内容一直不变，而是让你的粉丝变得垂直。怎么理解呢？比如，你的用户人群是24~35岁的女性，你要考虑这个阶段的女性关注的是什么，一般有时尚、职场、个人成长、情感、母婴等，那么你的内容可以从这些领域着手进行创作，去做垂直于粉丝的有价值感的内容。简单来说，就是你垂直的参照物是什么？想要变现效果好，就一定要明白一个逻辑：你的内容一定要垂直于你的目标粉丝，这才是王道，而不是领域。

例如，如果你的目标粉丝是在校大学生，那么在内容上就没必要一定圈死在一个领域，只要大学生感兴趣的内容你都可以分享。那么学生喜欢什么呢？他们在意的是学习、省钱、恋爱、个人成长等，这些领域你都可以进行选题设计。垂直于粉丝的情况下，内容可以做到多样化，这样反而会受到更多企业主和品牌方的喜欢，因为他们看到你的粉丝很精准。相反，如果你不去垂直粉丝，而是只想垂直于某个领域，比如只分享穿搭的话，那么这方面的东西很快就分享完了，瓶颈期一到就很难突破。

所以，如果你的目标粉丝是新手妈妈，你只要分享与她们相关的话题就可以，对她们关心的衣食住行都可以进行创作。

总之，对于大多数普通博主而言，真正的垂直是你的目标粉丝，你的目标粉丝越精准你的变现价值就越高。所以，目标粉丝喜欢的、关心的内容，你都可以去分享，这样做就简单多了，更容易做到持续输出，也更容易坚持下去。而如何做到内容垂直于领域呢？这取决于你的产品，你卖什么，你就垂直于什么。

对内容有信心并力求与众不同

每次都绞尽脑汁不知道该做什么选题，不知道该怎么写，花了很长的时间都没有做出自己满意的内容，感觉遇到了创意瓶颈很难再突破，尤其是发的内容没什么流量，更是让人感到焦虑。很多人对于自己做出来的内容会觉得"和别人一样"，这就是内容同质化造成的雷同现象。人们在做选题的时候难免都会选择大家最感兴趣的话题来进行，这个时候如果没有做出内容的差异化，就很难脱颖而出。

做内容需要人无我有，人有我特，以"说车"为例，一开始大家都是一本正经说车，后来就有人风趣幽默地去说车，也有人利用情景剧说车，还有美女说车、老丈人说车、帮粉丝淘车等，这就是同一领域里内容的差异化。

差异化说白了就是产品的"卖点"。作为一个个人IP营销者，最常做的一件事就是找卖点。也有不少人经常抱怨，在内容同质化的今天，差异化卖点越来越难找，或者说根本就没有差异。的确，市场经济时代，内容百花齐放的同时又很难有新意，内容同质化现象越演越烈，相同领域中存在的差异点越来越少，竞争早已进入白热化和透明化。

这种情况下想要打造差异化，就要通过内容竞争力和新鲜感来打造账号整体辨识度。竞争力体现博主对于自身领域的认知和专业程度。如何把某个选题说透且简单易懂，又或是换一个新的思考角度或者一些同行博主很少说的方向，毕竟别人普及过的知识，你再去普及就很难再提供价值了。

新鲜感体现在内容形式以及切入点的不同上。给同样的选题赋予不同的角度，可以通过赋予一个故事、一个背景或一个场景来切入，以此激起用户兴趣或是达到与其生活相关的目的。这样做就是为了一个目的：在同等价值的内容里让自己分享的内容成为少部分人的第一选择。

具体怎么做呢？以美食为例，首先，从细分领域入手，比如各个平台上都有很多做美食的大号，你就可以切一个垂直细分的赛道，如果别人都做家常菜，你就可以只做川菜或鲁菜，再或者只做海鲜。其次，从内容形式上入手，改变视频中的人物、场景、道理等元素。如果别人用人做主角在厨房里做，你就可以用动物做主角，在更有特点的地方做美食。在大家意料之外、想象不到的地方来完成一件事，通过差异化的场景和主角，让大家对你和你的账号产生记忆点。

比如抖音上有非常多的唱歌博主，我们平时看到他（她）们的演唱场景要么是在演唱会现场，要么是在舞台上，要么是在练歌房，或者是在家里拿着吉他弹唱……如果你看到一个人在空无一人的地下通道唱歌或蒙面唱歌或在地下车库唱歌，那么在才艺博主里，他就形成了场景上的差异化。

而内容做不出差异化的原因无非有两点：第一，没有明确且聚焦的定位。你要明确给什么样的人，提供什么样的内容，解决什么样的问题，用什么样的方式赚到钱。如果你是一个读书博主，要解决你的用户不知道从哪类书开始阅读的问题，那么你就要筛选出你读过的好书，以推广或卖书来赚取佣金。如果你想解决用户不会读书的问题，那么你就可以做共读社群，陪伴粉丝读书打卡。当你有了明确的目标受众和变现方式的时候，在做内容上你就会领先一步，有了自己的思考和布局，不容易陷入模仿别人内容雷同的局面中。第二，没有核心标签和知识体系。如果发的只是大而泛的内容，只是昵称不同，内容没有什么亮点，那么你和你的账号就不会被别人记住。如果你是讲英语知识的，那么你可以把目标人群定位在"初中语法""高考生最难突破的学习瓶颈期"方面来讲，如此就具备了一定的差异化。无论是通过年龄标签或主题标签，想要让别人记住，都必须有一个核心标签。如果是普通人，既不具备突出的身份，也没有成系统的知识体系，那怎么办？其实还是有方法的：

第一步，开始行动。自己想要成为什么样的人，想要打造什么标签，照此行动起来。

第二步，做出成绩。只要行动起来你就已经淘汰了一部分不去行动的人。

第三步，形成知识。当你能够坚持下来，你的经验和自律本身就具备了价值，你就可以用你的经验和知识去激励更多的人。把你知道的、你会的，都分享出来，你就能带给别人帮助，这就是信息差带来的内容差异化。

第四步，学会新旧元素相互组合。在内容的创作中，我们要追求的其实并不是真正的所谓的原创，而是复制组合和转化，简单点说就是新瓶装旧酒。只要你分享的内容能够满足客户的需求和痛点，他们就会点赞、转发。不要一开始就想着去做原创，充分理解创新的本质是旧元素的新组合，学会转换和组合是一个合格的博主最聪明的借取方式。

第6章
个人IP的底层逻辑是信任

为目标用户画像并让他们产生信赖

无论个人IP的内容和观点是什么，无非是为目标用户服务的，所以，找到自己的目标用户非常重要，这也是一个知己知彼的过程。用户画像也叫用户信息标签化、客户标签，是根据用户社会属性、生活习惯和消费行为等信息而抽象出的一个标签化的用户模型。

当你的用户画像不清晰时，你就会找错目标用户，你讲的话、写的文案即使再好也不会收获好的结果。因为你根本不了解用户的需求和痛点及兴趣爱好等，试问你又怎么可能制订出有效的方案呢？如果你不了解更多用户的数据，那你怎么判断用户类型以及你的产品处于哪个周期呢？不知道这些基础数据又何谈运营策略？如何通过目标用户变现呢？

用户类型可能有多种，例如潜在用户、真实用户、核心用户、流失用户等，对于不同的用户采取不同的措施这就是传统的分层营销，也相当于运营的一部分。

个人IP打造是双向的，既是你通过专业知识和内容向外输出的过程，也是别人通过你的内容向你靠近的过程。为了打造真正属于你、符合你的IP，你需要了解你和你的用户。为了找准定位，你要确定你服务的对象是谁，所以要为用户画像，"您希望谁来作为你的用户呢？你最想服务谁呢？"最终，你会发现最理想的用户是"和自己相似的人"，这也是一个给目标用户画像的过程。

用户画像的英文是 User Profile，意思是生动描绘用户的特点，把这类用户抽象成一个人，然后用介绍这个人的方式来描绘这一类人。也就是说，要找到一些符合目标特点的潜在用户进行调研，然后生动描述调研用户的特点。比如，你想先专注于女性化妆这个领域，那么最开始的内容输出就是帮助爱美女性学会如何化妆，如何挑选属于自己的化妆品，如何避免在化妆方面踩坑。那么，你需要找到这类用户，对她们进行初步调研，然后进行用户画像。比如你可以选择刚参加工作不久的白领阶层或大学生，她们属于对日常化妆有个性需求但经济又不是十分宽裕、买不起太高档的化妆品的一类人。

我们选择的用户，也是要在实践中不断去验证和调整的。用户的反馈，也会反过来帮助我们梳理自身创业者 IP 打造定位是否精准。

为什么要精准地明确目标用户？主要有两个关键原因：一是用户都有自己的特点，他们希望自己的特殊需求和期望能够得到重视。"统一处理"的方式就让人觉得不够重视，从而被用户拒绝。如果了解客户的特殊点，就能够创造出一款极具特色且独一无二的产品。二是如果还不是特别了解目标用户，就无法赢得客户，因此，必须尽可能多地了解用户的情况，如年龄、职业、家庭状况、爱好、花钱的项目、生活方式、教育情况、经历背景、经济收入、兴趣、榜样人物等。在开始之前，你需要弄清楚几个问题：你的作品是想要给谁看？你是否努力地去与那些还未被完全开发的潜在受众群体建立联系？你的受众是年轻人还是老年人？

用户对每个人、每个企业的重要性不言而喻。那么，你了解自己的用户吗？你懂他们的需求吗？你有分析过每个用户的情况吗？而你又可以怎样去帮助或服务他们，让他们变得更好？回答了这些问题，才能找出你的精准用户，而不是泛泛的用户。

在不为用户画像的时候，每个人都希望自己的 IP 可以涉及所有人。往往这样做的后果是你根本找不到真正对你的内容感兴趣的用户，反而会落得一个乱撒网而捕不到鱼的结果。一旦确定了受众群体画像，那么你就可以进一步决定在哪里发布内容了。互联网有无数的平台，但将作品发布在所有平台上也没有意义。根据你的作品、你的受众，以及你的运营地点，选择合适的平台是受众策略的关键，因为再好的 IP 最初也仅仅是锁定一部分群体成为自己的目标用户。先解决一小部分人的需求后，让他们成为你的粉丝，自然而然他们会去阅读、收藏、点赞、转发你的内容，从而能够让更多用户看到。

一些网络平台的成功经验告诉我们，只有先解决好了某一类人的需求，让你的产品成为解决这类人需求的最好方式，然后才能再拓展到更多的人，让产品逐渐成为更多用户的选择。所以，初版产品一定不是一开始就定位在"所有人"上，先专注于某一类人，这样才会更有成效。

做好用户画像，就等于你有了草地，然后就是寻找喜欢你这片草地的羊，所以先要有第一只羊。如果这一只羊能够在你的草地上活下来，玩得很好，那么你的草地就是没问题的，你就可以吸引更多的羊。羊多了，你就会发现头羊才是关键的。为什么呢？因为一只头羊可以管理一大堆羊，你就不用管了。只要有头羊，羊群就可以聚集。羊多了就会有狼，狼多了，就把羊圈起来，然后向狼收费。

这就是用户画像的意义，不给用户画像，找不到潜在用户的任何内容，只能算自嗨，而无法产生更多的价值。

无论你的内容有多好，如果找不到受众，也没有任何作用。一旦你确定了客户群体，就可以根据他们的生活经历、性格和职业筛选出最理想的受众。你最好把理想受众锁定为某个典型的人群。

一般来说，给用户画像，有以下三个核心的问题要搞清楚。

1. 谁和我一样对这个领域感兴趣

这个问题的意思就是，谁希望学习我已经学到的知识？最有可能有收获的用户会是谁？（通常，用户和你一样，是对这个领域感兴趣和有类似需求的人）比如，我们打造"托育星球"，吸引的就是对幼教行业、托育领域感兴趣的人。另外，根据自己的特长去寻找这个领域和你一样感兴趣的人。比如，你会讲书，就要吸引爱阅读的人；你爱健身，就要吸引喜欢运动和爱健身的人；你爱美食，就要吸引和你一样对美食有兴趣的人……如果你对自己所在的领域一窍不通，那么你是不可能赢得粉丝信任的。只有你是这个领域的专家，粉丝才能信赖你，追随你。因此，定位确定用户群的时候不能太宽泛，也不能太狭窄，有一个最简单的方法就是看百度指数，如果是指数为0的领域，就别做了，受众太小。

2. 谁体验过和我一样类似的痛苦

这个问题的意思就是他们是曾经的你，还在苦苦挣扎和困惑，但你已经走出来了，或者先行一步，因此你的分享对他们来说是有价值的。简单说就是，我有所感，世有所惑，而这就是价值。这也说明，我们的生命经历都是有价值的，这使你更能对你的用户感同身受。

3. 谁最有可能为你的产品／服务或者为你这个人买单

这个问题也很关键，能买单的才是你真正的用户。用户能买单有两个前提：一是你已经把产品的卖点和价值表达得足够清晰；二是用户真有这个需求。

之前是先有了产品再有客户，现在是先交了朋友再卖产品。以前我们认为产品好，内容好，价格有优势就能卖出去。而现在和未来变了，有了信任才有买卖。未来的产品获客成本会越来越高，这其中最大的壁垒不是技术，也不是资金，而是基于人与人之间关系的情感，即情感和时间将成为最大的壁垒。

综合上面三个问题，我们要呈现出我们的用户群体特征—某个典型的人群（包括他们的生活经历、性格、职业等），一般可以分以下三步走。

1. 划定用户范围

用户范围的划分主要有三个维度：用户年龄段、用户所接触的人群、用户所在的环境（主要指位置和场所，比如是农村还是城市，是几线城市等）。首先，明确用户年龄。比如，我要做90后人群，就要研究用户交往的人群。其次，加大画像描绘范围。比如，研究90后人群的关注点和兴趣爱好。最后，判断环境因素。比如，90后人群经常出入的场所。通过场所、频次、消耗时长可以折射出职业、家庭构成、收入等情况。

2. 细分用户群

不同的用户群有不同的目标、行为和观点，细分用户群也将问题变得清晰，同时也可为用户画像。

3. 建立和丰富用户画像

在细分用户群后，可以将用户分为不同的类型，然后可在每种类型中抽取出典型特征，并赋予典型特征一个名字、照片、一些人口统计学要素、场景等描述，从而形成一个用户画像。

个人IP赢得信任的基础

想要挖掘用户需求离不开信任，如果你和用户建立不了信任，那么你是挖掘不出用户需求的，这适用于任何销售场景。

和用户建立信任，贯穿于我们打造个人IP的整个过程，它所花费的时间和成本，甚至超过50%以上。和用户建立起信任后，对我们整个转化非常有益。

所有交易的产生均来自信任。你的个人IP只有赢得别人信任，才有后续一系列的涨粉、成交。这是你与用户之间相识、相知、相信、相依的过程。这四个过程是层层递进的。首先，用户认识了你（相识）；其次，用户通过日常与你接触逐渐了解了你（相知）；再次，因为你的言谈举止、为人处世对你形成了信任（相信）；最后，在信任的基础上和在不断接触的过程中，用户对你本人形成依赖，产生"某某是一个值得信任的人，他卖的产品也值得信任"这样的心理预设（相依）。这"四相"递进式达成的过程，也是一个陌生人转化为你的长期用户的过程。

个人IP想要赢得信任靠的是整个账号的呈现状态，做啥就要像啥，你的账号要呈现出粉丝想要的样子。比如你是做装修的，就要让别人一看就觉得你具备专业的装修能力；比如你是当老师的，就要让人感觉跟着你能学到知识。此外，你的个人IP还要传达真实的价值。

人与人之间不够信任，不足以爱屋及乌。比如真心朋友，一句话就能懂彼此。正因为信任你这个人，也就信了你所做的事，即使最后没有成，也不会讲什么，这便是足够的信任。而陌生人之间，因为彼此不了解，也就无从谈信任，这也就需要打造个人IP，因为互联网这个平台，只有打造好个人IP，让更多的网民关注了解你，慢慢对你有了信任感，才会有接下来的交易产生。

在打造信任的基础上，要对自身打造的IP类别有清晰的认识，一般IP类别分为产品类、技能类（知识类和才艺类）、企业主类（品牌、创业）。

产品类的IP，一般是短视频+直播卖货方式。这种类别的只要把自己真实的状态展现给用户看到即可。在前期分享的时候尽可能做到物美价廉，以让产品类IP得到最基本的信任。有不少品牌号都在打造产品类的IP，比如鸿星尔克、李宁、比亚迪、小米等，不需要遮遮掩掩。我们看到那些做得非常好的IP，他们不会避讳自己在卖货，而是尽可能为粉丝带来更好的产品和更优惠的价格。产品类的IP核心在于你以什么样的方式介绍你的产品，既能让用户感兴趣，又能让用户对你的产品和人设产生信任。

技能类IP，一般包括知识类和才艺类，但凡唱歌、画画、跳舞、弹奏、武术等，只要具备任何一项才艺，都可以打造成为技能类的主播。技能类的IP很容易获得播放量，涨粉的节奏也较快。因为不少平台都以娱乐为主，才艺能够让人放松，人们看到你的才艺，很容易产生喜欢和信任感。尤其凭手艺吃饭的人，比如会竹艺、雕刻、皮包翻新、金银珠宝鉴定回收等，这样的IP播放量一般非常好，而且容易吸引到精准粉丝。娱乐式内容，比如段子、娱乐综艺热点、朋友圈提问互动等。解决问题式内容，给出符合问题最佳解决方案的建议销售式内容，可以放卖货广告。看到朋友圈的内容，就好像是邻家小姐姐在向自己推荐自用好物，这种官方的信任与亲民的人设，瞬间就能缩短品牌与用户之间的距离。除此之外，通过这种品牌人设的方式传达优惠活动，给用户传达的感觉是：在这里买东西能享受到别处没有的优惠，合适！

企业主类IP，一般包括知名企业类IP和个人创业类IP。好的品牌很容易得到用户的信任，只要通过企业品牌打造IP，前期就能积累很多信任品牌的用户。如果是创业类IP，在创业领域有经验和资源的话，也可以把自己的创业过程从零开始记录下来，让大家和你一起见证你从一无所有到事业有所成就的改变过程。

根据自己的IP类别，找到属于自己的目标用户，然后根据内容去运营，最后赢得用户信任。只有赢得用户信任，才可实现变现转化。

成功打造个人IP的核心

有人说，一个成功的IP不亚于做得好的企业，有些头部个人IP的收益甚至可以超过大部分上市公司。那么，是什么原因让这些个人IP做得那么成功呢？有没有我们普通人可以借鉴和学习的东西呢？当然，任何事物的成功都离不开多方面的努力，创建IP也是如此。但任何成功的事情也都有一些核心因素，只要抓住了它们，成功指日可待。

究竟有哪些核心因素呢？

1. 真实又打动人心的人设

试想，同样分享健身减肥的话题和观点，一个是单纯推荐减肥产品的销售人员，而另一个是亲身体验过多种减肥产品，拥有很多减肥经验的亲历者，哪一个让人感觉更真实，更能接受呢？不用说那个真实的人设更能拉近与人的信任距离。之所以说人设是一个成功IP的核心，是因为人设的经历能够与用户产生共鸣，引发共情。如果你只是干巴巴地去推销产品，别人觉得你是在为自己着想，而一旦你引起用户的共鸣和追随，他们才会觉得你做的事情对他们有利。

人设是给别人传达的外在显性元素，如果你是真实的，别人才能从你身上看到他们自己的影子和故事，才会真正愿意去了解、去追随你，并与你产生共情。

要打造一个有血有肉的人设形象，除了你账户上的头像照片、留言签名和个人空间等线上提供的概念形象和年龄、出生地、所在城市、家庭情况等基本信息，还需要展示你的成长经历、行业选择和价值理念等，那些求学、恋爱、工作等过程中个人心态和观念的磨炼及转变，加入当前行业的机缘和初心，以及在经历种种选择之后的性格和价值观的转变等。这些故事要素建立的是人设的隐性的内核形象，使得这样的人设不仅是一个概念，更多的是有了情绪、逻辑、厚度和温度。

人设就是要让粉丝对你有一个初步的认知和印象。比如某化妆品主播的人设是一个产品的使用者，也是厂家的客户代表，更是一名产品效果的见证人。他告诉粉丝和观众如何使用某款产品，然后带来了哪些效果与变化。罗永浩的人设是知识分子、连续创业者、科技领域KOL、锤子科技创始人。科技产品与美妆、百货有本质的不同，比如手机，行业竞争白热化，如果能帮助一款新品更早地进入大众舆论中心，完成产品定调，相信品牌方很乐意为此付出更高溢价。有时候卖货只是顺带，有些500强企业找罗永浩，不要求销售量，只要求介绍优质新品就支付品宣费用。这就是罗永浩作为一个知识型主播产生的价值。

2. 输出干货

很多人的时间有限，他们能够受到你的吸引在你的账号下驻足，肯定是因为你有干货，否则对于你的账号他们甚至连走马观花式地浏览都不会。干货不是你讲得多么高深的专业知识，而是是否对用户有用。平时要有意识地去一些问答平台进行问题的查找，这样可以很直观地看到用户的需求，然后你根据他们的需求去做选题，输出内容，这样在用户看来才是干货。当你的IP以多种形式呈现后，要接纳用户给的反馈，这一步非常重要，就像售后服务一样，你需要获得用户的反馈才能更好地进行改进、输出，才能让用户死心踏地地追随你，而这一步是无限循环的。

3. 持续产生价值

任何事物，你有价值别人才会青睐你。如果你的IP不能持续给人提供价值，怎么能够成功呢？提供专业价值不难，难的是持续提供价值，这个意义在于，真正成功的个人IP是和用户共同成长、互相见证的。用户遇到你所在领域的任何难题，都会第一时间想到你，而你也在持续地提供服务和产品，这就是你存在的价值。这种彼此需要的踏实感，也会把你和你的粉丝越绑越紧。

所以，任何成功都不是随随便便的，一定有其核心和给别人解决问题的能力。打造个人IP，它的内核永远是个人核心价值。你是谁，就能吸引谁；你能帮助谁，就能成交谁。

能互动的粉丝才能转化

IP能够实现变现并最终获得收益，要靠谁呢？一定是靠粉丝。粉丝为你的直播打赏，为你吆喝的产品买单，所以，投其所好、精准营销很重要。要了解你的粉丝和目标用户，重视与每一个粉丝的互动。

前期粉丝少，一定要重视种子用户的积累。要做到认真对待每一个粉丝，让每一个粉丝都能感受到被重视。对于粉丝的问题、评论，尽量做到一对一回复。积累的种子粉丝越多，后期爆发的机会越大。

好的IP运营一定会认真研究粉丝心理，研究他们的习惯和喜好。任何一个IP都不是平白无故就红起来的，就算有的有团队，也必须学习洞察粉丝心理，持续输出粉丝喜欢的内容。要洞察粉丝的三观、角色、社会关系，要通过数据了解他们的生活场景、工作场景、消费场景甚至交际场景。用户不是一个又一个的数字或者脸谱化角色，他们有血有肉、有情绪。你有多懂他们，有多和他们互动，他们才会多靠近你。可以慢慢与粉丝建立信任，不断地去推送一些产品，植入一些广告，参与一些活动，让他们认识到你的价值，你所宣传的产品的价值，最终实现转化。

和粉丝互动有两个媒介，一个是你引流的平台，比如抖音、今日头条、公众号、知乎等，内容有价值，便会有粉丝关注，关注后不外乎点赞、评论和私信。另一个是微信，粉丝主动加你微信，更进一步互动。

具体有哪些方法与粉丝产生互动呢？

1. 要与粉丝幽默互动

说到底，关注你的人无非是想找到一种情绪和精神寄托。因为无论是看短视频或是直播，抑或是买主播推荐的产品，都能在一定程度上得到心理满足和情绪放松。所以，要调动起粉丝的情感，让他们有一种天天想来看你的念想。你的短视频也好，直播也罢，要做到活泼有趣，甚至在有粉丝留言的时候，你要学会用幽默、搞笑、调侃的语气去与他们互动，这样会让粉丝对你形成黏性，觉得在你的账号里留言能得到及时回应，如果心情感觉愉悦，他们就会经常来你的"地盘儿"上放松。

2. 给粉丝惊喜

粉丝们也许空虚，也许无聊，但他们并不傻。所以，光用幽默来调动他们的积极性还不够，还要能够给予粉丝一定的惊喜。比如你在直播的时候有彩蛋、抢红包、送福利、拼手速抢超值等活动，这些都是给粉丝送的惊喜。即使不能天天送实打实的礼物或产品，主播本身也不能太死板，无论自说自话还是和粉丝互动都要让人有惊喜感。比如明星刘涛，她在直播时就很有亲和力，而且也很幽默，让粉丝看到的不仅仅是明星的光环，还有明星普通如邻家女孩的亲切一面。因此无论你吸引了多少粉丝，在与粉丝面对面的时候，一方面，要经常改变自己的外在形象，保持活力，带给粉丝一种不断变化的惊喜感。另一方面，在向粉丝推荐某个产品的时候，要时不时地做个活动，搞搞福利，让粉丝有"占到便宜"的惊喜感。

3. 要有平和的心态

做个人IP要面对各种各样的粉丝，有说你好的，也有说你不行的，甚至还有人问你一些敏感问题，故意找碴儿跟你对着干想要获得存在感等。面对这种情况,好的信息能坦然接受;对于那些不太友好的信息,是否能做到视而不见,有智慧地去化解,就很考验一个人的能力和胸襟涵养了。而用平和的心态去面对,一笑了之,既能照顾粉丝的面子和虚荣心,又不会破坏你这里的氛围影响到其他粉丝的心情,不失为一种明智的选择。

4. 对粉丝少些套路

越是真心对待粉丝越会得到粉丝的真心对待。比如,周杰伦的粉丝轻松地就将其推上了超话的榜一。为什么粉丝这么齐心?因为周杰伦平时在粉丝的心里就属于那种不玩套路,踏实唱歌作曲的人。所以,当你不是用套路赢得粉丝时,粉丝也会真心成全你的幸福。因此,切记,对待粉丝要真诚,要以真心换真心。

5. 福利预告

不是每个人都会把自己关注的人置顶或进行直播预约,所以你想给粉丝提供福利的话,可以进行预告,让粉丝提前知道。在每场直播的时候提前进行新品预告、福利预告,利用粉丝对新品和福利的期待,这样不仅能够为下一场直播引流,还能促进下一轮的购买。而想要做好提前预告,就要将直播前的准备工作做好,包括不仅要规划好直播的内容和产品,还要规划好下一场直播的内容,另外还要考虑到节假日等这样的因素。

6. 给粉丝提供免费服务

对待粉丝要像对待家人一样,即使他们没有想买你的产品,你也要不厌其烦地为他们提供帮助。比如,如果你是代理眼部护理产品的,即使粉丝没有买护眼产品,他也教粉丝如何去保护眼睛,如何预防眼部问题,并且会持续输出一些与护眼相关的知识和内容，久而久之，粉丝觉得你不仅是卖产品，还卖理念和知识，自然会对你多几分信任。

永远记住，你的粉丝才是产品最优质的用户，有些甚至是产品的痴迷者。因此，要从粉丝身上获取价值，你必须善于和粉丝互动。时刻把粉丝挂在心上是个真理，在粉丝身上用心思才是真正有意义的事情。

打动用户离不开讲故事

爱听故事这件事不分年龄，不分男女，因为人们不需要道理，需要体验，一个成功的超级IP离不开故事的加成，这样会让人感觉更加真实和生动。就像我们每当回忆起自己的大学老师，绝对不是那种只会一本正经讲PPT的，而是最会讲故事的人。因此有了故事，就会让你的IP形象更加丰满。

你一定有过这样的体验，每次打开手机，翻看朋友圈、刷短视频或看公众号文章等，如果看到硬生生的广告你会一刷而过，而如果看到一家人相处的片段或某个故事时你就会停下来，因为你从这些片段和故事中触碰到了有血有肉的人。在产品饱和的时代，广告是需要为产品开道的，但真正的广告是贴近生活的日子，贴近每个普通人的故事。

"打动用户，讲故事。"一个人从小到大都不爱听道理，却对故事没有抵抗力，道理一般比较抽象，而且容易让人感觉是在说教，而故事却显得亲切真实，让人听着能够感同身受，同时讲故事无疑是最具画面感也是最容易让人理解的一种内容表达方式。你可以讲自己的故事，讲身边人的故事，讲听到的故事，最有辨识度的内容就是要讲好自己的 IP 故事。

每个 IP 打造的背后其实是传递一个感动的生命故事。我们要从生命故事里提取养分，那里有你 IP 精神的种子，有你的激情、使命、愿景、梦想，也有你的悲伤、挫败、痛苦和回忆，所有的这一切都是可以为你所用的能量。这些都是你宝贵的财富，丰富你来到这个世界的体验，凸显你来到这个世界的意义。

在抖音有一个以"乡愁"命名的个人 IP，有 1700 多万粉丝，讲述的是一个女性在农村创业的故事。她从小没有母亲，在父亲和奶奶的呵护下长大，以为找到了爱情，却没曾想只是留下了一个孩子却失去了爱，几次创业失败以后她选择回到乡下，照顾生病的奶奶和拉扯自己年幼的孩子，田间地头都有她劳动的影子，她做得一手好菜。通过观看她的视频，人们看到一个坚强柔韧的女性形象，也看到了一个通过自己勤劳的双手改变命运的故事。所以，关注的人很多。

无论是商业 IP，还是泛知识 IP，甚至是娱乐 IP，但凡是做个人 IP，就一定要有故事思维。故事之所以有魔力，是因为每个故事中都有普通人的影子，有普通人的喜怒哀乐。可见讲故事可以引发共情，进而降低目标群体对你的抵触心理。

一般来说，一旦别人知道你想卖东西给他，或者要图他点什么利益，他就会在心中竖起一道心理防线，这是绝大多数正常人的正常反应。这道心理防线的存在，就加大了我们的卖货难度、推广难度。而通过讲故事，优先在情绪层面与对方达成一致，绕过目标群体的心理防线，那我们的目的就可能很快达成。因此可以说，讲故事就是在占人性的"便宜"，谁叫我们情绪占据上风的时候理智就会下降呢？

之所以强调讲故事的重要性，是因为故事能提升情感价值，让人更愿意买单。有人做过一个实验：美国有个网站，叫意义深远的物件网。如果在旧货店买进 1~2 美元的物品，放到易拍网拍卖，通常价格都很低。但在这个实验中，研究者以 128.74 美元买进一个饰品，找人为这些物品写了一个感人的故事，赋予饰品意义，最后拍卖的价格竟达到了 3612.51 美元。同样是这件饰品，这个故事带来了 2700% 的高收益。

一些植入产品的成功软文故事大部分都有一定的套路，比如：

（1）设定状况。品牌创始人原本生活安逸或者和大部分人一样。

（2）发现问题。突然有一天他遇见了一些意外，让自己获得了一个目标。

（3）设定课题。主人公去为目标付出努力，但是发现还有具体的问题阻碍了他。

（4）克服障碍。解决问题会经历各种尝试，这里主要描述经历。

（5）解决收尾。最后问题终于解决，推出了某品牌或某产品或某课程。

这就是做 IP 要讲故事的秘密，设定一个故事是为了更能打动用户。不过有一点值得注意，一定要用真实的故事去打动用户。设计个人 IP 不代表编造不存在的故事，而是要对自己的人生阅历进行美化，展示自己，吸引同频的人与你产生共鸣、反思，用自我袒露的方式来提升你在他人心中的人品和价值，传达一种正向的观念。

举个简单的例子：

假如你是一个独立创业的宝妈，可以说说自己创业过程中的困难，怎么提升自己、家庭和事业，又如何保持平衡。把自己当作品牌的活招牌，让用户在你身上看到他希望成为的样子。如果你是从小城市到异地打拼，那就讲讲怎样用积极的态度去对抗生活和工作中的酸甜苦辣。人总是更能让当下没自己生活状况好或和自己处于同样生活状态的人产生情感，从而更愿意购买你的服务或产品。

需要注意的是，故事一定要有情感，而不是流水账。如果只是流水账式地讲述你的经历，肯定没有人愿意听，所以要让自己的故事充满情感，可以讲述商业故事、品牌故事、创始人故事等，要有情节，详细描述事情的经过，并在最后阐述理念和价值观。一句话，就是要让自己所讲的故事带来商业价值。

在梳理创业者IP故事时，以下这些引导性问题，可以帮助你清晰故事脉络：

（1）你是谁？你的哪些生活经历能让人感同身受，进而产生共鸣？

（2）你克服过哪些困难？是怎样克服的？

（3）在前进的道路上，你弄清了什么问题？

（4）你在哪个领域取得了成功？获得了什么成果？

（5）你能教会别人哪些可以现学现用、改善生活的诀窍？

你的创业IP故事价值千万，这也是你最有辨识度和与众不同的内容。

第7章
个人IP可选择的流量入口

想让内容有流量，就要明白平台算法

我们知道个人IP的内容很重要，但内容再好如果吸引不到流量，也无济于事。想让内容产生流量，就要搞明白不同平台的算法。现在每个平台对于粉丝的推送机制都发生了变化，在大数据面前内容和普通用户都是透明的。算法给内容贴上标签，给用户也贴上标签，系统就会把用户喜欢的内容推送到他的主页。这说明什么问题呢？这说明从传播方式来看，从人找信息变成了信息找人。这对于所有的IP创业者来说都是一个绝对的挑战和严峻考验，所以单纯做好内容已经不能满足流量获得的需要，推荐算法很难识别到有价值的内容，机器分不清什么样的内容是干货，什么样的内容有绝对的价值，系统地判断你的内容值不值得被推荐的标准来自用户反馈或用户搜索。

所以，想要流量，离不开对目标人群的预判，然后用内容去匹配流量。简单理解就是输出的内容有针对性，让平台的算法可以很容易识别你的标签所对应的用户，从而实现给你推送的目的。

我们以几个热门的平台为例：

抖音的算法机制是机器会将新内容推荐给一小部分用户，如果反馈良好，则会加速把内容放入更大的流量池来吸引更多人的注意力。换句话说，只要能够达到机器衡量的各种指标，如完播率、点赞量、评论量等,就可以让作品成为热门内容,进而很容易被平台推送到主页或搜索者面前。

快手平台机器给予推荐的方式,则是依据用户喜好、社交属性均等推荐,不会像抖音上的热门内容一样一直滚下去,而是给予每一个人一样的曝光量,吸引更多的目标受众。抖音更侧重内容,快手更倾向于人。抖音侧重观看的用户,快手侧重创作者。

B站的平台算法更多依据用户兴趣、粉丝关系和互动频度来区别对待,让用户在平台上可以找到自己感兴趣的UP主和圈子,找到志同道合的朋友。

微信视频号的算法主要是结合熟人关系,点赞转发,运用6度分割理论去推送,更注重的是个人IP和私域流量。其实这个就跟公众号的"在看"和"点赞"的逻辑相似,比如你给某个文章(视频)点了"在看",你的好友将会在微信"看一看"刷到这个文章(视频),你的好友点赞了,他的好友也可能会刷到这个作品,以此类推。所以建议大家使用视频号前,先观察自身的朋友圈,思考自己的定位方向,才能在这条路上少走弯路。

小红书采用的算法机制是去中心化的,所谓中心化就是用户关注了你才能刷到你的内容,而去中心化就是用户即使没有关注你也能刷到你的内容。就是你的笔记刚产生之初,平台就会进行第一轮曝光,如果你能在第一轮获得不错的互动数据,就会被推荐到更大的流量池,如果依旧能获得很好的流量数据,就会被持续推荐,直到上热门。

基于小红书的平台定位,超过65%的流量来源于搜索,所以在搜索流量算法上更精细一些。这里我们侧重讲一下搜索流量算法的逻辑。搜索结果与需求的匹配主要是核心关键词与搜索的匹配度，搜索结果中展示的具体内容是通过分析用户需求，找到最能命中用户需求的信息。一篇笔记标题中的关键词可谓是重中之重，官方也明确提示："填写标题会有更多赞哦。"由此可见，标题是小红书官方用来识别内容属性的重要选项，想要让笔记获得更多的展现，最基础的工作就是要做好标题的优化。

在创作前只有懂得各个平台的分发机制和算法，才能根据自身定位，找到最适合自己的发展赛道，然后去有针对性地创作内容，这样可以让自己少走一些弯路。简单来说，每上传一个内容，平台就会给你一定的自然流量，但你的内容越好，越受人喜欢，下单量越多，好评率越高，给你的流量就会更多，进而转化率就会越高。

通过宣传与推广引流

涨粉和变现是每个打造个人IP的人的最终目的，但如何涨粉，进而变现呢？获得流量无疑是唯一的选择。

那么常见的适合个人账号初期引流的方法有哪些呢？

1. 评论引流法

这种方法一般成本低，用得好效果还可以。比如关注某些大V账号，在对方发出作品的第一时间，在他的账号下面留言或评论，如果你的评论很新颖或露脸的机会多，大概率上就会受到一些大V粉丝的注意，慢慢能吸引一些粉丝过来。关注10个以上的大V，引流的效果就能翻番。当然，不能为了博眼球而无下限，更不能进行恶意评论，也不能毫无节制。这种评论引流的方法可以用于多个平台，比如小红书、简书、知乎等，操作方法大同小异。

2. 问答引流

目前很多问答的平台都会推出一定的话题让人来回答，比如知乎、百度、悟空问答等。可以根据一些热搜榜单选择最热门的话题进行回答，回答问题虽然简单，但很有效。只要能帮助到他人，并且所回答的问题是自己领域的，就可以轻松实现涨粉，不过最好介绍得详细一些，让人彻底弄明白，也更加佩服你。

3. 微头条发圈

如果让你发布一个长篇公众号很难，那么把微头条当成朋友圈去发动态，每天发一个，其实也是一个很好的涨粉利器，且涨的都是相对精准的粉丝。如果微头条的阅读量高，涨粉的速度也会非常乐观。发布微头条有讲究，不是逮什么就发什么，最好是写自己专注的领域，这样才能慢慢吸引精准粉丝。在写微头条的时候要好好思考一下，字不用太多，也不要太在意格式，只要固定在一个领域经常发就能自成体系。

4. 通过图文/视频引流

这是一个读图的年代，当人们看到有用、有趣、好玩的内容往往会受到影响，随手就会点个关注。因此，引流也可以按照这个思路进行。创作内容前先考虑用户喜欢什么样的内容，再在垂直领域里做一些有意思的图文或短视频。

5. 福利引流

福利引流就是在你售卖的东西的基础上做一些让利、抽奖或优惠活动。比如你是卖课程的,在卖课程前就要先选出一款优惠商品作为你的引流款,优惠力度一定要大,比如199元的课程限时特价9.9元,总之要做到让用户看了不买感觉就亏了的效果。

6. 话题引流

话题引流指的是你发布话题时可以选择当下最流行的热门话题,这样平台系统在推荐算法上就会给你增加很多曝光机会。每天都会有成千上万的热门话题,如果你的贡献度足够,那么可以在话题上申请成为主持人,主持人发的博文可以得到更多的展现和流量。通常有热门话题的微博内容,比普通的微博阅读量会高出好几倍。这种话题的推送权重对你发的微博数量有要求,也就是你发得越多,流量增长的趋势也就越明显。

7. 社群引流

社群引流作为私域流量的运营方式,优势非常明显,因为凡是能进入同一个社群的成员,大家的诉求都是相似的。一般可以通过发放免费资料、免费听课等方式引流。但发放的免费资料的价值要高,并且要多宣传,这样社群成员才会积极参与。如果自己没有社群,就可以先加入有目标用户的相关社群,经群主同意后分享优质内容、干货等,吸引目标用户的注意,时机成熟后即可组建自己的社群进行引流。

8. 官网引流

如果个人IP是以企业形象打造的,并且拥有企业官网,那么可以通过官网进行引流。官网的宣传,可以通过文章或者活动来吸引用户,然后将他们引到自己的账号上。

9. 朋友圈引流

目前朋友圈依然是一个强大的社交媒介,可以在朋友圈持续推送一些有价值的内容,来引起用户的最终关注,让用户对所发布的内容进行转载和评论,最终达到引流的目的。

公众号精准引流,吸引意向客户

经营公众号的人认为,凡能在朋友圈收获到的粉丝,一般都是可靠粉丝,不会轻易取关。公众号作为自媒体人的第一阵地,的确给不少人带去了流量。公众号内容其实就是引流口,通过内容把用户吸引进来,让用户对你感兴趣,想要与你取得进一步的联系和互动,最后成为意向客户。

公众号引流的常见操作有哪些呢?

1. 公众号自动回复

这个是用户关注之后的欢迎语,是用户和企业或个人账号建立连接的第一条消息,可以在公众号后台设置成自动发送,推送的形式包括文字链、海报或名片。

2. 公众号菜单栏

菜单栏既可以放公众号一级菜单,也可以放二级菜单,这个可以根据自己的业务情况而定。点击菜单栏后引导用户加好友,就可以沉淀到私域了,也可以设置自动回复,把添加方式直接发给用户。

3. 公众号推文

公众号每个月有4次推文,可以利用其中一次机会专门写一篇引流的文章,介绍社群的福利或专属服务引导用户进社群。

4. 公众号文章中的粉丝福利

这既可以称为"粉丝福利"也可以称为"活动专区",一般在文章最后留出一个固定和粉丝互动的位置,通过奖品或红包等形式,吸引用户进入私域。

5. 模板消息

在公众号后台筛选出符合要求的用户,直接推送社群服务内容,同时支持跳转到小程序 H5 页面。需要注意的是使用模板消息的时候一定要符合服务场景,不能发广告营销的消息,不然很容易被官方封号。

6. 用户对话页面

不少账户把咨询服务引导到了智能客服,所以,这里也有不少流量,可以通过设置自动回复或定制开发,增加一对一的服务入口。

7. 小程序左上角客服入口

不少运营者都在小程序的主页上增加了客服入口,点击进入之后,页面的顶部和底部都放了很明显的添加顾问的引导。

8. 产品信息流

在丰富的产品信息流页面,加一个引流的横幅,也可以把流量很好地引入私域。

9. 互推引流

在很多公众号中,某一个公众号会专门写一篇文章给一个或者几个微信公众号进行推广,这种推广就是公众号互推。这两个或多个公众号的运营者会约定好有偿或无偿给对方进行公众号推广。微信公众号之间互推是一种快速涨粉的方法,能够帮助运营者的微信公众号在短时间内获得大量的粉丝,效果十分明显。运营者在采用公众号互推吸粉引流时,需要注意找的互推公众号平台类型尽量不要与自己的平台是同一个类型，因为这样运营者之间会存在一定的竞争关系，两个互推的公众号之间要尽量存在互补性。举例来讲，运营者的公众号是推送健身用品的，那么运营者选择互推公众号时，就应该先考虑找那些推送瑜伽教程的公众号，这样获得的粉丝才是有价值的。

10. 投稿给规模比较大的公众号进行引流

根据自己公众号的偏重领域，选出频出 10 万+ 的公众号，了解公众号的逻辑和运营策略。如果这类公众号有其他公众号供稿，那么跟公众号的主理人取得联系，根据他的选题或者要求，进行相应投稿。如果能够获得采纳转载，那么就会有比较好的浏览量，也会对你自己的公众号有比较多的引流。特别是有些大型公众号，还会根据阅读量等数据进行一定的稿酬打赏。但要注意的是，这类大号一定要跟自己账号的目标用户相对切合，这样才会有较为精准的引流。

虽然公众号的运营已不再像前几年刚刚兴起时那样容易成功，但现在公众号引流还是可行的，比如用上面这些方法进行涨粉和引流，还是能达到一定的效果的。

抖音私域引流

抖音日活用户数量已超过 6 亿，可以毫不夸张地说，现在进入了全民抖音时代。只要肯下功夫，任何人都能在流量红利中分一杯羹。而对于企业和品牌来说，光有流量还不够，想要实现更高效的变现，只在抖音的公域中是不够的，更需要私域的沉淀。当然，引流动作如果不够严谨出现漏洞，就很可能会被识破，影响账号运营甚至被封号。

具体怎么通过抖音私域进行引流呢？

1. 个人主页引流

任何一个账号，个人主页是给用户的第一印象，包括背景图、抖音号、个人简介、头像昵称等。如果你同时运营着微信号，那么可以将抖音号直接用微信号命名，可以在简介里加一句"全网同号"，这样粉丝就能很容易在看到你的抖音号的时候知道了你的微信号。抖音号一般半年之内只能改一次，由于抖音禁止引流行为，所以在写简介的时候可以用谐音来进行规避处理。如果有自己的粉丝群，可以把粉丝群入口也展示在主页中，等粉丝入群后，再把他们加入私域。

2. 评论区进行引流

在评论区直接放引流方式有一定的风险，可以在一些高赞的评论里选取一两条，巧妙地留下交流方式。而更稳妥的方式是找到那些求链接或问产品的评论，去点他们的头像进行私聊，告诉大家你有这个产品，引导他们添加微信或到你的小店下单。

如果怕发微信被系统检测到，可以引导他们点击你的头像关注你，然后在个人主页上留下联系方式。还有一个方式是在那些评论和点赞数量比较多的视频下面直接评论，说你有这个产品，有需要的可以私信/关注。

3. 通过在视频中植入引流

可以利用视频的封面图进行引流，一般3个一组，将联系方式用隐蔽的方法放在上面；也可以在视频内容中植入，但要巧妙，不能赤裸裸硬广,那样会有封号的危险。此外,还可以在做产品类的视频时,多发挥创意,尽量将产品植入得有趣味性;或是增加视频的价值,比如给用户提供一些福利。当视频内容价值大于人们对广告的反感时,才会有更多的用户观看和互动。

4. 直播引流

直播封面是吸引用户的关键因素之一,只有足够吸睛,才能吸引粉丝进入你的直播间,让粉丝了解你的直播内容。量身打造一个超强IP人设,让用户对你印象深刻。所以建议主播们定制专属图片、头像和封面,尽量不要经常更换头像和名字。直播引流有几个形式:一是产品展示类型的视频优势,不但可以让用户多方位了解产品,还可以沉淀对产品喜欢的用户,令其关注账号。此外,还能吸引更精准的用户进入直播间成交。二是口播知识类型的视频优势。首先,这属于行业内幕揭秘,能够引起人的好奇,沉淀粉丝。其次,让用户从不同角度感知商品的品质。比如商家是卖鞋的,不从鞋子品质入手,而从鞋盒入手,俗话说:好马配好鞍,鞋盒品质好间接反映鞋子品质好。最后,吸引更精准的用户进入直播间成交。如果实在不会直播,也可以用抖音截流软件,到同行的直播间里去抓取采集弹幕客户和直播间榜单客户,自动私信进行私域添加。

5. 企业蓝V认证引流

如果是企业号,那么可登录抖音官网进行官方认证,认证资料包括企业营业执照、认证申请公函等资质,支付审核费用后,两个工作日即可开启认证。蓝V认证的重要作用体现在用户价值,不同于抖音挑战赛和信息流广告的一次性投放行为。中小型企业依附蓝V账号可以实现多渠道引流,将品牌粉丝吸引到自身的品牌营销阵地当中。开通蓝V后就可以设置优惠券、团购链接等营销功能来提前锁定顾客，而且发视频的时候，也不会轻易被限流。此外，1个蓝V号可以绑定1个子账号，每个账号还可以绑定5个员工号。

6. 利用热点引流

做内容的时候可以从当时的热点时事入手。先找好热点，发视频时借势添加热点话题，通过对比，来展示自己的优势和特点。这就是一种很巧妙的通过利用热点引流的方式。

7. 通过原创视频进行引流

抖音平台非常支持和鼓励原创，所以不要浪费自己的账号，在发布视频时最好发原创。可以用小号在抖音优质头部和行业号的视频评论区发表比较有趣实用的评论，同时附上要推广的主号，借势吸引流量。

8. 设置同城定位进行引流

发布内容的时候如果加上同城定位，用户更有可能因为同城推荐而进入直播间。因此直播时打开同城定位，可以让身边的朋友看到我们。同城是一个巨大的流量库，做推广的朋友一定要善于利用。据说1个同城粉丝相当于10个全网粉。因为区域的限制，流量池也小了，吸粉的难度也自然更大。不过，正因为这样的局限性，导致加来的粉丝很有可能是基于信任，所以会有较高的黏度，同时也有很强的变现能力。

玩转社群引流

近几年，人们都在聊与"社群运营"相关的话题。那么什么是社群呢？并非人们理解的为了拉群而拉群，在微信群里发红包，领完红包大多数群成员就默不作声了。这样的社群也算社群，但运营的状态并不理想。建立社群的真正目的是多次转化用户，简单理解就是让你的粉丝能够买你的东西，并且产生持续的复购。所以社群运营的核心在于五点。

一是在做社群之前改变思维，一定要知道社群里的交易不是一锤子买卖，终极目的是让用户多次转化。

举个简单的例子：

有个人去某地旅游，走到当地的一家特色餐馆，虽然老板以"见到老乡"为名给了这个人很大的优惠，一餐吃下来，这个人依然感觉被这个旅游景区的餐馆宰了一刀。等到过了几天，这个人的当地朋友又把他带到了这家餐馆，点的餐比之前要多，但价格只花了之前的1/3。

这个案例说明一个什么问题呢？餐馆做生意杀生不杀熟。当地的人就像他的街坊邻居，他不得不给出物美价廉的优惠，因为当地的人和这家饭馆的老板是一种强关系，这个外地旅游的人和这位老板是一种弱关系。而社群是通过互联网产生的，不会存在这种类似"街坊邻居"的关系，任何一个进入社群的人，都有可能成为你的潜在用户，所以要尽最大可能去维护社群中的每一个用户产生的弱关系，而不要想着去虚假营销或"宰"别人。

二是"把用户当人"。这句话看似一句废话，但如果不理解这句话的精髓，就很难做好社群。怎么把用户当人呢？就是要尊重别人，不要整天在群里发广告，更不要天天在群里说一些无意义的段子和话题，这样用户不但不会搭理你，还会果断退群。因此，要发与用户息息相关且他们需要的内容。例如，如果你运营的是母婴相关产品，就不要天天想着发母婴用品广告，你可以发一些"如何合理给宝宝断奶""怎样安抚夜里爱哭闹的宝宝""怎样冲泡奶粉营养价值最高"等对用户有用的内容。如果你做的是减肥社群，你可能想卖减肥药，但你平时要发的不是减肥药的广告，而是一些真正对减肥有需求的人士想获得的资讯和知识。比如"减肥的食谱""如何测量自己消耗的卡路里"等这些用户在意的内容，否则就是你一个人的自嗨。

具体在社群的运营方面要怎么做呢？

一种情况是如果你已经有了个人IP，比如你在一些公共平台已经做了很久，有了垂直的内容和观点，已经积攒了一些志同道合的人，这样你就拥有了一个基本的社群。另一种情况是你还没有自己的个人IP，那社群如何做呢？首先建立一个种子群。比如可以从最好的朋友和亲戚家庭成员等开始，在邀请的时候要一对一，认真对待，跟人家解释清楚，不要群发信息，否则会让人觉得你没有诚意，不会进你的群；更不要什么都不说就把人拉进一个群，这样别人会秒退，还会对你产生不好的印象。其次建立群规。提前规划群里要有多少人，群是做什么用的，也就是提前想好自己群的属性，把群介绍和群名字都展现出来，也要提前告诉种子用户，不要在群里发广告。

三是让群成员帮你转发，并承诺好处。首先要说明转发能送什么，要说得委婉一些。其次要注意如果要让别人转发你的内容，那么你的内容一定要有审美价值，自带吸引力和传播属性，这样人们才愿意转发。

四是社群运营初期可以找一些熟人来帮你吆喝，衬托气氛。如果你是卖货的，可以让你的朋友多讲讲用完产品的感受和体验，人们都有一个"大家说好才是真的好"的心理趋向，尤其是在一个群里，别人的分享会给其他的人带来一定的暗示和影响。

五是将社群中的用户进行分层，比如可以按新进群和老用户进行分类，也可以按消费水平进行分类，统计哪些是付过费的，哪些将来可能会付费等，这样能够让你更易于了解你的用户。

成功的社群运营，是你能够对社群进行调节，比如什么时间发什么知识，哪个时间段能够带动一下气氛讲讲段子，只要用心就能把社群经营好。

很多以各种名义聚在一起的社群，一开始活跃度挺高，但是为什么过了一段时间后社群的活跃度就变得很低？最主要的原因是很多社群里人和人之间没有任何联系，他们只是凑巧因为某个兴趣加到了一个群里。我们知道现实社会中的人们，如果没有交换电话、QQ、微信号，没有任何实质性的联系，那么他们即使凑巧进了一个群，也不会建立起过多的连接，因此也就不会产生频繁的交流。一个社群里只有成员间经过了相互交流、互相点赞、互相评论、互相聊天后才能产生氛围，进而畅所欲言。等聊出情感连接，大家就会对群产生依赖，而不愿离开它。

所以，成为有影响力的 IP 不难，但是，通过自己在这个领域的影响力，积累大量粉丝，并把优秀的粉丝组织到一起，变成一个网络社群，然后让这个社群变得活跃，有价值，则是一件非常困难的事。这就需要做IP的人，拥有运营社群的专业技巧。

那么都有哪些运营社群的技巧呢？

1. 可以开微课拉拢人心

如果社群没有互动就会显得死气沉沉，如果总是在群里发东西又会对群成员造成打扰，最合适的方式就是开微课，直接切入正题，讲自己擅长的东西，以及能够给用户带来什么。

2. 扶持群内的意见领袖

一个优质的社群，一定有几个活跃的重量级人物来带动气氛，这样的人来自群用户，他们的核心价值就在于调动群活跃度，类似于直播间的网管。如果群内没有这样的意见领袖，那就想办法扶持，可以采用群内招聘的形式，承诺给予其某种奖励，同时也要设定考核指标。

3. 把社群变成一个服务性质的群

对于社群，尤其是新建的社群，一定不要想着发广告或推荐产品，而是要抱着服务群内成员的决心去经营。道理很简单，对用户有用，就是最大的价值；而能服务于用户，也是我们最大的价值。所以大家要想一下，你所在的产品或项目，能为用户提供什么样的价值。笔者之前也说过，做社群的，做的是一套全生态的商业体系，比如做化妆品的一定要教人家如何打扮，做保健品的一定要教人家如何养生，做门店技术的一定要教人家营销，做孩子培训的一定要多和人唠唠如何帮孩子提升成绩……你先用服务思维去留住用户，再慢慢转化。

4. 及时添加为微信好友

在社群里的成员大部分还不是真正属于你的私域流量，只有加了好友才是"自己人"。所以,能添加为微信好友的,一定要及时添加,因为对成交有直接效果的营销方式,基本上都是基于微信好友展开的。在添加微信好友的时候,也要注意一些细节,被动添加每天 200 个左右最合适。主动添加好友的,每天 25 个左右就可以。此外,可以通过送些福利让用户主动添加你。

短视频吸引流量

近几年,短视频流量实现了突飞猛进式的增长,已经成为各方抢占流量的"主战场",这从抖音、快手等平台的受欢迎程度就可以看出。那么该如何借助短视频进行引流,并尽可能放大引流效果来获取更多的精准用户呢?主要有以下几个方法。

1. 定位

在制作短视频前首先要进行明确的定位,也就是你的账号输出的内容是哪个方向和领域,你的账号属于企业号还是个人号,是生活类、娱乐类还是搞笑类?呈现的形式是真人出镜还是其他方式?这些在拍摄短视频前都要提前定下来。其次要找准你的潜在用户,分析他们的偏好,可以借助一些工具进行有效洞察。

2. 内容方向匹配谁

内容的创作可以围绕三个问题来进行:一是讲什么(核心卖点);二是讲给谁(目标客群);三是怎样讲(创意表现手法和技法)。可以从产品出发，也可以通过类比和夸张等方法从用户痛点出发，强化卖点。

3. 发布平台的选择

制作好的短视频需要找到合适的平台宣发出去，比如抖音、快手、微博、企业官网、腾讯视频号、B站等都可以。

做好了前面三项，剩下的就是如何运营涨粉。

1. 要进行矩阵传播

无论是企业还是个人IP，想要进行矩阵传播，一个号肯定无法满足需求，所以要打造多个号，以此获得更多的粉丝。什么是矩阵传播呢？说得通俗一点就是运用多个账号、多个渠道进行关联，形成一个更大的传播体系，使内容可以持续传播。以视频为核心的矩阵布局，可以实现基于内容矩阵和跨平台协作矩阵。比如在视频号上建立多个账号，或者关联个人和企业账号，通过不同账号间粉丝流量的相互关注、引流、连线等扩大影响力。想要让个人IP具有广泛影响力的传播，仍然需要一定的矩阵布局上的战略思维。矩阵布局在一个合适的推广渠道，有利于防范一定的封号风险或者过度依赖某一个账号的弊端，同时可以扩大到更多的受众群体。

账号做矩阵要统一定位，不能跨度太大，更不能没有计划性，否则不但形不成一致的内容，还容易分散精力，出不来成果。此外，建立内容输出矩阵，要不断重复、强调、曝光，刺激别人记住你。前期，你可能只是单一地在视频号、朋友圈、公众号、微博上做，后期则要更系统地建立自己的传播矩阵，并要时刻监控效果，调整投入度。

2. 进行热点营销

能获取热点的地方很多，比如抖音热榜、百度风云榜、微博热搜等，经过抖生意实测，发现很多热点事件都是先在抖音上发酵，然后才迅速被推上别的平台的热搜。利用热点这个方法，一直都是短视频内容创作的一个重点考虑方向。这里的热点包括且不限于热点事件、热点音乐等。然而热点虽好，在利用热点的时候也需要克制。一般"优雅"地利用热点有几个可供参考的点，分别是：①说出对热点的看法＋自己行业的相关感悟；②根据热点主题，对公司进行采访，每个人分享对热点的感受及受到的影响；③利用热点音乐来拍摄产品和公司。

3. 进行短视频矩阵引流

不是所有的视频都能有非常好的浏览量，但好的浏览量背后一定是优质的视频。那么如何才能拍出优质的视频呢？可以多借鉴别人的爆款视频，从中学习有用的方法和知识，然后自己再多尝试。要知道，百万播放量不是一朝一夕可以拿下的，都是沉淀了很久积累了很多粉丝才做到的，这些都需要一个长期坚持的过程。

在短视频引流，尤其是采用矩阵运营方面，有以下几点注意事项：

（1）如果要打造多个账号，尽量避免在一个IP下用多个手机，更不要拼命跟在别人后面点赞、转发和评论，否则会让系统误以为你是营销号从而不愿意推荐，有时还会导致平台给账号降权。视频号要做到一机一号，单独操作即可。

（2）现在各个平台都打通了接口，以抖音和淘宝为例，只要在淘宝上有店都可以在抖音上直接卖货，抖音则推出了橱窗功能。此外，视频号有直接的小商店，也非常方便。如果自己有了粉丝，就要尽量找到可以打通的接口，实现电商变现。

（3）企业可以打造视频号和抖音矩阵，个人也可以。如果专注在短视频直播这个赛道创业，那就尽量去布局，不要犹豫，免得错失机会，要知道，电商已经发展到从传统电商到内容电商，到兴趣电商，再到如今的直播电商了。

直播间引流涨粉

互联网时代，人们越来越多地习惯于线上购物，疫情之后，直播带货更是成为消费者购物的常态。那么，如何在直播间涨粉呢？今天我们就一起了解一下直播间涨粉有哪些方法吧。

1. 进行直播预告助力

在直播还没有开始之前可以先告知用户什么时候开始直播。不少IP做得好的账户，大部分都会将直播时间和直播内容提前宣布在上一个视频里，而且在视频结尾处，还会设置悬念，吸引用户来直播间一探究竟。

2. 进行公域流量推荐

开播前发布多个短视频，找出数据突出的视频，投抖+，为直播宣传引流，此时，能够点进来的，一般都是新粉丝、新流量。如果粉丝关注你的账号后，你就要在主页面上给出直播推荐，以让粉丝顺利进入你的直播间。此外，在发布视频的时候加上同城定位，新粉丝就能够通过平台的同城推荐进入你的直播间。

3. 通过提升直播间的活跃度达到上热门的推荐

一般打造活跃度有三个指标，分别是：一是多回答问题。在直播过程中，要让用户有参与感，可以多准备一个设备，随时挑选用户的问题进行回答。二是经常提问。除了回复用户的问题，也可以通过提问的方式了解用户的需求，比如提问用户，小伙伴下次想要看什么直播内容呢？三是直播抽奖。抽奖是很多直播间都会用的方法，通过抽奖可以快速聚集人气，提高用户参与度。在抽奖的时候可以提前预告，以奖品为亮点来留住更多的人。

4. 可以拉长直播时间

如果没有和同一时段的大主播抢人的能力，就得通过错开或者熬时长的方式来避开，然后静等大主播直播完毕。因为大主播通常会有一个相对集中的直播时间，他们下播后，将会释放出大批流量，此时便是小主播们收割流量的好时机，但是千万不能挂播以及违规。

除了以上四个常见的直播引流的方式之外，还可以通过一些游戏类的互动吸引粉丝，比如直播的PK环节就是一个不错的选择。PK是一个二次曝光的绝佳机会，和更多的主播互动，就能让更多的人听见你的声音，感受到你的魅力。此外，PK还可以加深你和其他主播之间的友谊，促进直播间的活跃度。最重要的是，PK环节也是粉丝变现的一个重要途径，可以激发粉丝的保护欲和求生欲，使他产生打赏的动力和欲望。在PK时，还可以通过多种形式的PK玩法来吸引游客和粉丝，使得用户留存时间以及留存率大幅提高。

在直播间你要分享有亮点的内容或产品才能让进入你直播间的新粉丝驻足，他们驻足的时间越长，越能关注你。这些有亮点的内容就是要满足他们的期待，让用户觉得在你的直播间待得有意思。如果你是直播带货，那么你的产品就要特点突出，如价格最优惠，或者产品只有你的直播间才有。比如某化妆品主播卖口红，总是推荐高端款，这些在别的地方不打折的商品，在他的直播间就能享受七折，还买一送一，这样无形中就拉近了和粉丝的距离。

除了要在直播的内容上下功夫，直播的频次也很关键，要保证直播的时间和规律，如果你直播了一回，隔了半个月没有再播，粉丝就会对你产生疏离感，不但不会持续涨粉，甚至会掉粉。所以，尽量保证每天或者每周2~3次的直播。这个频次不但能持续涨粉，还有助于提升直播间权重。

以上都是属于线上的引流涨粉，但线上做得好的话，就能实现线下转化。比如，下播后维护粉丝群，在群内发开播通知，有活动的话就在群内跟粉丝商量，增加粉丝对主播的归属感；发布作品后，把作品链接发到粉丝群，让粉丝帮忙点赞、评论；在一些纪念日或粉丝生日时进行祝福、问候和关心。这些都是在线下要做的功课，线下做得好，在下一次直播时也能表现更好，同时吸引更多的粉丝。

不是所有的直播都能涨粉，一些影响引流涨粉的忌禁一定要知道。

（1）主播在直播的时候不认真，态度敷衍甚至傲慢。直播时如果情绪不佳，就最好不要直播，否则粉丝很容易从你的情绪中做出别样的解读，引起粉丝误会。而且，这样的直播气氛也不活跃，粉丝没有参与感，容易让粉丝离开甚至掉粉。

（2）主播话术单一死板。如果是直播带货，就要有随机应变、花样百出的能力，不能一味强调产品好用或便宜，整个人显得呆板无趣。要知道，粉丝关注账号，多数是奔着主播去的，主播的魅力就是流量的魅力。

（3）如果是靠着主播涨的粉，就不要随意更换主播，因为粉丝对某个主播已经有了亲切感和信任度，如果换了主播，很可能会引发粉丝不满，容易掉粉。

（4）直播如果是展示才艺，那么才艺就要过硬；如果是与人聊天，就要有嬉笑怒骂的本领，但同时又要展示出积极的人品；如果是直播带货，就要保证产品质量。总之，直播做什么，就要做到最好，让粉丝满意。

重视微信生态流量积累

微信从诞生到发展，前所未有地受到用户青睐。截至目前，微信自身已经成了"流量集散中心"。微信从最初的朋友圈火爆，使得人们靠着朋友圈的流量生意赚得盆满钵满。接着是公众号，图文内容的创作者抓住了机会，在公众号用文章和图文引流，打造了很多头部创作者。再到当下的视频号，使得不少创作者抓住并转化官方给到的流量扶持，享受到了巨大的流量红利。

如今，微信对人们来说很重要，这么说吧，如果要卸掉所有的App，那么微信作为一个人人必备的App，一定会是最后一个被卸载的。因为它不仅是聊天和支付的工具，更是打造个人IP创业者的营销生态系统。微信目前由订阅号、服务号、朋友圈、社群、小程序、小商店、第三方平台等组成。订阅号可以起到引流拉新和客户留存的作用，但缺点是信息不及时。服务号相当于一个好友，可扩展性强，可以算得上是微信生态内的主流营销体。朋友圈个人IP极强，营销方式更有力度，能被更多人直观地看到。社群的转化率极高，积累了粉丝、获得收益多数离不开社群的运营和维护,加上第三方微信平台的支持,就会产生更多的裂变和传播等。至于小程序和小商店等,同样给使用者带来了诸多好处。

所以,重视微信生态系统,进行流量积累,能够给自己带来更多的收益。

为什么打造个人IP就要重视微信生态系统呢?因为微信是目前碎片化时代最好的信息触达方式。之前人们想要触达用户通常是通过打电话、发短信、发邮件等方式,现在这些方式的触达率已变得越来越低。调查显示,邮件传递为0.2%,短信阅读是0.03%,但微信个人号,尤其是朋友圈的打开率依然保持在较高的水平,目前应该有70%以上,微信群里的消息阅读量也已达到了40%,所以微信在触达率上占据着绝对的优势。

不是所有创业者都需要打造微信个人号,但如果你需要在微信生态里做产品或服务的传播,那么,微信个人号是目前最有价值的客户数据库平台。对于微信生态而言,经济圈已经形成:个人号、社群、企业微信号、公众号、视频号……私域流量池的搭建可以直接从这几个渠道多组合地去做,再结合微信小程序商城,实现流量变现。

不管是在哪里获得的流量,想要转变为私域流量,必不可少的承接工具就是微信。微信生态引流有几个入口:

1. 搜一搜引流

比如搜索相关品牌,会出现该品牌的线下实体店方位、直播详情、精品商城小程序、官方账号等,完全相当于微信端的"企业官网"。"搜一搜"的好处和网站一样,可以自行设计内容结构,留二维码,这一点和很多自媒体平台相比,已经是很好的信息呈现形式了。正在做项目的,就可以利用公众号来做做,花费时间不是很多,投入产出比还不错。如果是新手想靠"搜一搜"这个渠道做项目,则难度比较大,投入产出比也差,把

"搜一搜"当作引流的渠道之一或是副业来做会比较好。

2.朋友圈广告引流

在朋友圈我们经常看到一些做服饰、摄影、美妆以及游戏等品牌的广告,这就是一种引流。那么对于这种广告引流方式要如何优化呢?

进入后台,在"投放管理"项下可以看到设置的广告内容包括两项,一是投放计划:计划名称、创意、投放时间、投放目标、预算、购买类型以及投放数据。二是广告:名称、状态、创意、所属计划、时间、购买类型、预算、出价等。

简单来说,我们在进行这个渠道付费引流的时候,要注意设置目标用户,后台为我们提供了多维度的人群信息选择,比如行业旅游、汽车、房产,这时候要想我们的内容收获好的效果,就需要使用适合的行业,当然在每一个大类下还有细分,比如在教育项下,还有考试、学前、职业等,通过细致的选择帮助我们定位到准确的用户群体。

3.视频号引流

在视频号直播中可以放二维码并引导用户截屏扫码,或是通过电子资料、福利奖品等引导用户添加私信,完成私域用户导流。视频的标题也支持关联公众号图文链接,题中可以植入二维码图片、小程序、外链等。

视频号从最初的图文链接调整为视频卡片形式分享到朋友圈,意味着视频号与朋友圈正式互通。从微信"搜一搜"灰度测试搜索结果里可搜索到视频号,后来公众号文章被允许插入视频号内容,甚至一篇文章可以插入10条视频号动态。从公众号文章打开视频号的流程相对顺畅,可直接跳转到视频号的播放页,点击创作者头像便能在其个人主页里直接关注。此外,微信还有聊天框的话题功能,用户在对话时使用"#+关键词"发送消息，即可形成一个话题超链接。点击进入后，会看到视频号、公众号等微信生态里的内容。微信为什么如此重视视频号与自身生态的打通？微信视频号团队讲师 Charlie 表示，视频号承担着很多微信生态的连接，视频号出来后，微信的生态闭环其实是在逐渐形成的。视频号会带来串联效应，未来它可以将公众号、朋友圈、小商店、小程序等环节进行双向交互的串联，能够再一次盘活微信生态内的自有资产和流量。

4. 小程序引流

小程序有一个服务通知，授权过小程序的用户可以订阅服务通知，且可以不限时地发一条服务通知。此外，小程序页面还支持直接点击图片跳转到公众号图文，支持二维码图片导流。而且，还可以从其他页面进入小程序，利用小程序客服会话功能发送链接、图片等，引导人进入私域。微信小程序是微信的内置应用，拥有超过 60 个入口，如对话下拉、搜索、附近小程序、扫码等。因此如果是企业 IP，则可以凭借各个入口的特点充分利用微信的各个引流渠道进行用户拉新。商户可在公众号后台添加地点，展示已关联的小程序；或在小程序后台添加地点，展示这个小程序。当用户在此地点的周围，则可在微信小程序入口"附近的小程序"发现并使用小程序提供的服务，所有上线的小程序都能在此被免费曝光，且一个小程序能添加 10 个地理位置。也就是说，做一个小程序，相当于给店铺增加 10 倍曝光的机会。

微信这四大入口打造成的私域流量矩阵，能够助力创业者将自己的产品、服务或品牌理念非常快捷地触达用户，实现引流和变现。尤其随着微信公众号的迭代，目前其已经从之前点赞变成了喜欢作者，直接给作者打款。而且视频号和公众号都已经打通，两者粉丝可以互相转化。对于过去在公众号时代有积累的博主来说，运营视频号和直播就有了更多优势。

可见，微信在孵化个人IP，为内容原创者带来机会和可能性方面有绝对的支持。尤其是微信小鹅通的不断改进，为创业者带来很多技术和平台上的优势。一般情况下，不同的内容需要不同的付费形式来承载，往往需要人们贯穿多个平台。比如音频需要在喜马拉雅，直播需要在"一直播"，这样的后果就是会分散用户，不利于用户的沉淀与形成黏性，尤其对于个人自媒体而言，这样的缺点很容易导致原本就不太容易积累的用户流失。而微信小鹅通致力于做专注自媒体知识付费与社群运营的免费工具，把公众号打造成一个具备多元收费体系的聚合型平台，其核心是粉丝社群化管理，一站式解决内容变现、付费转化、用户分析、社群运营四大痛点。而最重要的还有微信推出的视频号，其把微信从过去的私域流量转化成公域流量，正在对微信生态产生不可思议的意义和价值。

打通线上+线下的全域流量

IP是指要做内容输出，流量是获取用户，品牌是做产品成交。未来IP的打造需要一个新思路，即IP+流量+品牌，也就是把内容、流量和爆品之间的关系打通。只是重视线上的流量，不容易长时间守得住，所以需要打通线上+线下全域流量。

一个圈子，定期的线上交流和分享是必不可少的，否则圈子很快就会散掉。线上聊一年不如线下见一面。虚拟世界里的朋友，不管多熟悉，都只能是熟悉的陌生人，线下聚会才能建立真正的信任感。有了线上的交流，线下聚会就很容易达成合作，碰撞出火花。最好的线上与线下的结合方式是，1周左右有线上分享，2周左右就有线下的活动。

有一个做化妆品营销的 IP 主播，她创办了一个高端私人定制的化妆品品牌，从生产加工到销售一条龙服务。最初，她花了很大的精力投入广告和推广，但两年下来，生意并没有想象的好做。当她开始接触直播时发现，移动互联网要比 PC 端传统电商的销售模式更有黏性，而且她还发现，产品说得再好，广告打得再响，没有口碑宣传也起不了多大作用。于是她开始重新定位自己的社群，通过微信在周围拓展朋友，她通过不断分享正能量的内容结交了一些朋友，博得了朋友的信任后，有一些人就做起了她的代理商，由她进行统一培训。再后来，第一批做她代理商的朋友，成了区域代理，她的产品已经卖向全国，而且盈利是以前的 N 倍。她的成功靠的是建立社群，添加有共同爱好和价值观的朋友进行口口相传。她社群里的人都是 25~35 岁之间的已婚女士和宝妈们，在交流育儿心得和处理家庭矛盾方面，互相都能产生共鸣。加上她们总会不定期举行线下沙龙、妈妈宝宝亲子活动等，让她的社群越做越好，黏性越来越强，直接带来的经济利益就是她的产品销量一直很稳定。再后来，她有了固定的粉丝圈子和客户，直播做得也非常好，同时带火了粉丝群中其他粉丝的生意。比如，除了平时线上直播外，线下她的粉丝们还一起自驾游，一起做亲子教育活动，一起健身练瑜伽。这些线下活动使得圈子里的人可以互惠互利，而她自己也实现了线上粉丝不断拓展，线下活动增强黏性，圈子不断拓展的目的。

"线上直播 + 线下社群 + 自传播"会是未来 IP 打造的新模式，线上直

播给粉丝带去性价比高的产品，线下实现互动，增加粉丝黏性，引发

线上＝超级平台＋新媒体＋行业垂直类平台

线下＝电销＋店销＋地推＋会销

自传播＝社交矩阵（拉新人→出内容→推产品→持续裂变）

线上核心解决传播，线下解决粉丝持续留存。

据统计，小米平均每月举办21场活动，如米粉节、同城会等，由此可见高频次活动对社群发展的重要性。比如，抖音的引流让不少人采用线上＋线下的模式，一场平平无奇的品牌发布会可以靠抖音引流3000+人流，一场新奇炫酷的商场暖场活动可以靠抖音引流日均5000+的打卡人流……社交型的流量平台开始纷纷扎堆去线下搞活动。

当然，想要打造线上＋线下的全域流量，还有以下几点需要注意。

（1）线下活动和粉丝会面的品牌一般已经具备了知名度，品牌是线上线下能串流的先决条件。

（2）已经拥有了一定量的核心铁杆粉丝，这种垂直性的活动若没有基础粉丝的配合与支持是很难有成效的。

（3）产品及内容要具备一定的延展性，比如你已经圈定了清晰的用户，用户越精准对于线下活动的举办越有利。

（4）无论是线上活动还是线下活动，宗旨不变，那就是要让参与的用户有所收获，要本着为他们提供服务的心去做，要有设身处地为用户设想的心理。

（5）社群标签性要强，也就是用户要有群体认同感和依赖感，物以类聚，人以群分，同一类人更容易从线上走到线下。

总之，社群需要通过一系列的活动对内聚拢成员，强化成员关系，对

外宣扬社群核心价值，吸引新成员加入，同时不断地向外界宣告社群存在。当你和用户从直播间的互动发展到线下的互动，用户才会逐渐信赖你，交集越多，用户对你的信任度越高，这样才能实现"线上直播，线下社群"的多平台营销模式，从而打通全域流量。

第8章
IP的终极出路是变现

直播带货

任何一个IP的打造都是想通过积淀粉丝和人脉后进行变现，直播带货是IP变现的其中一种。

直播带货分为以下几种类型。一是类似抖音和快手这样的平台，可以称为娱乐带货直播平台；二是类似淘宝、拼多多、京东、蘑菇街这样的直播平台；三是短视频带货。

快手最初只是一个短视频剪辑软件，因为使用人群不断增加，变成了通过服务器可以上传短视频，创作者剪辑后可以直接宣发，主播可以直播带货的平台。

其中选择直播带货有两种形式：一是人带货，二是货带人。前者属于强IP弱产品类型，是指个人IP非常强大，非常知名，只要这个人带货，带的不管是什么产品，人们都会因为信任这个人而购买。比如一些明星带货，因为他们有很大的知名度，有众多拥护者，所以不论带哪个品牌哪个产品，都有很多粉丝疯狂买单。一般小的品牌或小厂家，竞争不过大厂家和大品牌，所以就会与一些知名的个人IP合作，让他们帮助带货，利润空间给得大，个人IP赚得也不少，这就属于人带货。人带货一般对于已经有了知名度的人比较友好，而对于普通人则比较难做。

人带货中的网红型带货是通过其本身的知名度来吸引消费者围观，粉丝比较综合，不只有女性粉丝。这类型的带货对供应链的管理能力相对薄弱，在选品上也有待提升和优化。这类型的带货，一定是已经有了知名度的网红，才更容易带货变现。

后者属于弱IP强产品类型，是指IP不是非常出名，但可以借助带一些有知名度的产品，实现弱IP强产品的传播效应。比如你是一个普通的上班族，或者你是一个普通的生意人，没有很强的IP和强大的个人影响力，那么就适合找过硬的产品。过硬的产品有两个标准：一是大品牌，大家耳熟能详的、信任度很高的产品，这样就很容易销售。二是有个性或小众的产品，比如可以选择地域，如新疆的大枣、陕北的苹果、山西的小米等。通过卖这类产品，提升你的知名度。

一般货带人有以下几个特点：

一是以实现货物销售为目标，销售手法纯熟，通过持续向粉丝售卖不同的产品而获利。二是主要收入来源是直播费和产品销售分成，带货模式一般会用抽奖、限时抢购、最低价等方式吸引粉丝并与之产生直播互动。三是一般具有较强的包装和推广团队，能够花大力气拓展粉丝，一般女性粉丝偏多。四是需要有强大的供应链管理能力和议价能力，能够拿到更低的折扣价以优惠粉丝，这样才能产生粉丝黏性。

选择直播带货是需要有一系列方案的：

1. 确定直播团队架构

一般由主播负责介绍活动和产品，统筹全场与粉丝互动；副主播带动气氛，提醒卖点、活动和引导关注。如果是大型的带货还要有助播，需要实时了解销售额、订单数，以便提醒主播进行画外音互动，辅助主播介绍产品特性、特点，种草产品的同时协助主手办与用户互动。另外，还要有负责现场产品秒杀改价、库存核对、小店后台设置等的中控,负责直播数据和全盘节奏的运营,负责直播前和视频拍摄及剪辑工作的运营剪辑。最后还要安排好客服及售后,负责直播过程中客户售后问题、产品解答等。

2. 选品

在直播刚开始一段时间可以用一些价格低的产品做"秒杀福利",调动起直播间的气氛为推出高利润产品盈利做铺垫。此外,还要选出主推款和次推款,主推款既有性价比也有高利润,次推款是搭配主推款用,来迎合不同的客户群体。

3. 直播脚本撰写和直播预告

直播要想成功,对外离不开提前规划直播流程图、优惠措施和口播话术等。一般在直播前两个小时进行预告,在预告的时候只告知直播日期、时间点和平台,不要提及秒杀、折扣、福利和优惠等营销信息。对内要进行直播场景的搭建、灯光背景画面的设置、直播设备的调试、主播状态的测试和说话的音效等。

4. 直播结束以后的发货及售后处理

如果没有按时发货,可能会受到平台的处罚。因此按平台规则直播完以后最好进行一下数据复盘,看能否做到按时发货,再看直播完哪里做得不好需要改进,以利于下一次直播。

如果个人IP还不是特别知名,选择直播平台有太多局限,就可以放低身段大胆尝试。因为影响力所限,所以可以从家人、同事、朋友等做起,先将产品推荐给他们,而带货商品多以生活用品和零食、居家亲子用品为主,收入主要是带货返佣。此时的直播卖货是次要的,积累人气和粉丝是主要的,通过不断提升个人综合能力,让商家发现你的潜力然后主动找你合作。当然,个人 IP 没名气时想要带货,还可以找 MCN 将自己包装成网红。另外可以找商家合作去当品牌专用主播。比如,如果你是一位育儿高手,会选婴幼儿用品,并且也有不少妈妈群的话,完全可以找母婴用品的商家去洽谈合作。最后还有一种可能,自己组建小团队带货变现,这是一种介于 MCN 和商家之间的模式。

无论哪一种带货方式,只要符合其中的条件就可以做。因为直播带货是主播变现的一个很好的途径,一旦做好名利双收,值得尝试。

承接广告

个人 IP 有了知名度本身就是一个活广告,所以 IP 通过承接广告变现也是一种常见的形式。有了 5000 个粉丝以后,就可以开通与品牌合作的接广告模式。如果粉丝不足 5000,即有品牌主动找到你,说明你的账号在数据等各方面价值都比较高。

想要接广告就要明白平台的规则和动向,如果你具备了开通与品牌方合作的通道,就不要坐等别人来找你,你可以选择主动出击。通常,接广告有定制合作、招募合作、共创合作等几个路径。

定制合作是品牌方主动邀请博主合作的合作方式,一般由品牌方发起合作,博主接受合作,然后根据品牌方要求进行内容创作,最后进行作品审核发布结算。

招募合作采用一对多的形式,只要是符合条件的博主几乎都会收到系统邀约。一般流程是品牌方发起招募进行智能匹配，博主报名，品牌方开始反选，最后确定合作。

共创合作是底薪＋提成模式，数据越好提成越高。流程一般是博主报名，品牌方确认，经过收货体验后进行内容发布，然后持续分成至内容验收。

如果你已经能接到广告说明你的 IP 已具备商业价值，而如何把自己的价值最大化才是一个成熟博主的标志，所以承接广告变现学会报价也是一个关键的学问。首先要掌握报价的几个基本规律：一是视频内容的报价高于图文类内容；二是垂直类的内容报价高于泛类的内容；三是女粉多的账号报价多于男粉多的账号；四是粉丝黏性高的账号报价要高于粉丝黏性低的账号。其次要摸清品牌筛选博主时的心理，品牌方看重的是你近期的内容数据并且有优秀的商单案例。如果你实在不会报价，可以找同平台同行问对方给你的报价，这样做个参考大概不会差得太多。

那么，接了广告后如何有一个好的流量呢？要想有好的流量，就要学会借力，看看官方有没有推出相应的活动和扶持计划。

常见的承接广告的模式有如下几种：

1. 广告推荐式

承接这一类型广告的，多数以在某个垂直领域或知识领域已经爆红的主播或明星主播居多，他们已经建立了固定的粉丝群，并且具备一定的影响力，所以在直播的过程中能够以其专业知识和经验智慧与粉丝建立起比较具备黏性的情感连接，因此也就具备了向粉丝推荐产品的实力。比如，推荐好书、好电影，甚至自己喜欢的某个产品，都能产生很好的广告效应，且后续变现的效果也非常明显。

2. 电商购物式

现在我们经常看到网上售卖平台会标有"某某明星同款",这后面的潜在意义就是如果某个网红主播穿了一件什么品牌的服装或使用了某个品牌的产品,只要在自己的账户里贴出该产品的链接,就很容易引流变现。未来很多网红主播都会利用这一趋势达到让产品或商家投放广告链接,实现通过推广广告引流变现的目的。

3. 内容置入式

我们看电视剧都有过这样的体验,哪个赞助商赞助的电视剧,那么在电视剧场景中就会经常出现该赞助商的产品的特写。这就是一种植入式广告形式。再比如游戏直播,用户观看主播打游戏时,游戏无意中就变成了广告的载体,这种方法针对性较强,而且精准。将广告植入游戏内容中,做到内容与广告无缝链接,相互融合。现在很多电商直播、网红直播教授用户一些化妆、服装搭配的技巧,然后再推荐相关的产品,这样不会引起用户太大的反感,从某种程度上看这也是一种内容植入式的广告。

4. 体验式

如果说直播已经让用户和粉丝从之前只能看到商品而看不到人,进步到了既能看到商品又能看到人,由此实现了很多精准带货与广告分享的话,那么未来 VR 技术的参与将实现用户更加充分的体验。VR 技术与直播内容的深度结合将会更进一步地使得流量变现的过程变得平滑。如果某手机产品的发布会能够借助 VR 直播向更多不在现场的用户展示更真实的手机体验,如果资深驴友能够利用 VR 直播在旅游胜地或野外探险的全过程,那么一场直播就是一场面向精准用户的广告,这场直播将可以直接导流到某手机的预订官网或者旅行团的活动主页,从而实现流量转化。

当然，承接广告时有一些坑是需要避免的，主要如下。

一是提供产品但拍摄后要求寄回的。如果是一些客单价很低的小商品，如口红、养生类产品等，可能在你收到的时候就不是新的，是别人用过的，也可能拍摄的样品与实物不符，这种商家广告尽量不要接，不用赌上最值钱的粉丝信任去换这些不值钱的东西。

二是不通过平台要求私下付款。比如有些商家会以平台扣点为由想要避开平台，也许在打第一笔款的时候很痛快，但后续的款项会有风险，他们会以各种理由拒付，因为你没有经过平台，很容易有了纠纷后得不到解决，最后导致你哑巴吃黄连，所以要走正规流程去接广告。

三是要求你授权广告内容但没写期限。很多人以为接了广告费就可以把自己的内容卖给商家，但是所有的广告都是有期限的，一般免费授权一个月为宜。如果商家要求授权三个月或更长的期限，你就可以提出加费用的诉求，一定记住是授权该条视频，而不是你的个人IP或肖像。

四是只签商务资源。如果商家提出不签账号只签商务资源的要求，那么这样的商家大部分属于中介公司，专门挣返点。他们会要求和博主提高分成，但却对你的内容创意方面不会有太多的帮助，所以这样的也要慎重考虑。

五是接广告要考虑粉丝可接受的内容。如果是硬植入产品广告，可能会伤到粉丝，甚至会引起平台封号。广告承接不但要依据视频的时长以及观看人数，还要针对引流到相应的活动页面的流量数据进行分析结算。可以根据派单方的主题设计、内容、创意策划等提供结合直播的辅助建议，如果要求提供完整的广告内容可以另外增加服务费等。

短视频+电商

现在，成为IP已经不是公司或者明星的专属，有很多的素人在没有任何成本和规划的情况下因为突发事件上热门后而成为流量黑洞。这些人出名后，虽然有的人很快就销声匿迹了，但有的则能把握住机会顺势构建起自己的商业模式，实现了影响力的变现。

很多个人IP创建者没有做过电商，也不懂运营模式，但其实其本身就是电商，短视频只不过就是一个流量工具，你能免费拿到多少流量，取决于你视频的内容有多优质。目前，随着短视频的流行，使得创作者与用户之间建立起信任，同时也让短视频变现成为现实，甚至成为用户接受并喜爱的一种购物方式。因为信任，所以选择；因为信任，所以简单。创作者与目标用户之间的信任感越强，电商变现的回报就越大。

近年来，不论是抖音、快手等短视频平台还是拼多多、腾讯视频等巨头，都纷纷加入"短视频＋电商"赛道。不难推测，短视频更好地带动了消费者的消费欲望，未来也会让越来越多行业参与到"短视频＋电商"模式中来。

再小的个体也是品牌！只要粉丝经济存在，那么个人IP和企业IP就会长盛不衰。

首先，短视频＋电商的时间成本相较直播来说更低，其只要内容好，挂上商品,就会一直推流,直到推不动为止,短则 2~3 天,长的话几个月都可以。其次,短视频+电商的营业成本和拍摄成本都低,只要有内容,挂上链接,直接跑流量就有机会实现营收。

通常,短视频变现方式也非常灵活,主要有以下几个方式。

1. 短视频流量变现

只要你个人 IP 账号拍摄了短视频发布在平台,平台根据播放量给创造者收益。不同平台以及同平台的不同时期的创作奖励计划规则都不一样,所以为了效益最大化,要研读好相同平台每一时期和不同平台的规则。此外,不同平台的流量收益也各不相同。有流量的前提是优质的视频创作内容和较高频率的更新。很多平台都有流量奖励机制,互动数据和浏览量越高,激励的金钱就越多,一般都是次月月底结算。绝大部分的短视频 App,在流量分成上针对原创者都有一定的考评等级,规定原创者过了初学者试运行期,甚至通过原创验证(通过后能够获得更多流量分成)后,才能够参加服务平台流量分成计划。

2. 打造情景剧

情景剧短视频的时长约在 1~2 分钟,非常短小,剧情却波澜起伏,转折反转不断,一般具有触点及爽点,容易引起共情播放量,进而实现变现。这类短视频比其他形式的视频更能清晰地表达主题,情感更加丰富,对于打造 IP 有很强的推动作用。

3. 实现电商带货

刚开始制作短视频的朋友仅靠流量变现是无法生存的,还可以自己开店铺或分销其他店铺的产品,通过流量引流来实现变现。目前,短视频电商、内容营销已成为一种常态化的变现模式,对于原创者来说门槛也较低。且绝大部分的短视频 App，只需原创者实名验证，顺利通过初学者试运行期，拥有少许粉丝基础，就能开启商铺橱窗基本功能。运用商品成交额，从而得到佣金或者盈利。

那么，普通人如何实现短视频+电商的变现呢？

1. 账号运营

短视频直播电商离不开短视频账号的运营，而无论是哪种账号，其运营的逻辑和原理都是相同的。普通人可以关注短视频行业动态，学习相关的运营技巧和方法，提升自己运营账号的能力。一旦在这方面有了较强的能力，就可以自己运营账号或为他人提供账号运营服务，从而获取收益。

2. 营销培训

各个行业都可以利用短视频直播电商进行赋能，而这又是一个庞大的市场，因而催生了各类短视频直播电商的营销培训。毕竟虽然有很多行业都进入了短视频直播电商领域，但是真正懂得如何去做的人很少，而具备相关专业知识的人更少，所以营销培训的市场潜力巨大。

3. 直播带货

从"网红"带货、名人带货一场动辄几十万元、几百万元、上千万元的销售额，就能看出直播带货的市场潜力到底有多大。也许普通人无法像"网红"、名人那样实现那么高的销售额，但抓住红利，收益也不会太低。未来线上的销售渠道将变成"短视频+直播+电商"的组合，无论是各大品牌、企业还是短视频直播平台都在向该模式靠拢。未来，流量平台与电商平台相互碰撞产生的火花一定会带来巨大的利润空间，而新人主播需要做的就是做一名合格的线上直播销售员，将产品销售给用户，从而获取收益。

随着工作和生活压力的不断增大，人们越来越忙，时间越发碎片化，而短视频直播电商是碎片化时间最好的填充者之一，能够在较短的时间里带给用户价值和快乐，为其生活提供极大的便利，并在未来有很大可能成为一种全民娱乐方式。风口之上，势能最大，只要把握好当下的机会，利用好短视频直播电商，抓住流量红利，就很有可能取得成功。

好物分享变现

内容电商，是指在互联网信息碎片化时代，通过优质的内容传播，进而引发人们的兴趣和购买行为。内容电商采取的手段通常为直播、短视频、小视频等。现在通过内容来分享好物也成了一种常见的引流和变现方式。

抖音好物分享、抖音橱窗、快手快分销等都是一种好物分享变现模式，说简单点就是帮助商家卖商品，商家给佣金。好物分享是抖音赚钱类目中最简单也是最好操作的，不用囤货，不用真人出镜拍视频，不用打包发货，只用一部手机就能赚到钱。

普通的素人也能进行好物分享，如果你已经是一个打造了个人IP的人，那么做起好物分享来就相对容易很多。

做好物分享，首先要找到定位，也就是找到自己能够持续输出的内容方向，是母婴好物、家居好物还是职场好物。定位了以后就要考虑以什么样的形式进行展现，如果适合口播就口播，若不适合，做图文也可以起到一样的效果。

其次培养网感。比如可以找到同行业超过5000赞的内容，拆解爆款中的好物运用场景，如关键词、内容形式、封面、标题、内容、视频做的每一帧，好好学习借鉴。此外，也可以收集爆款选题，结合好物的使用场景和自己的特点，创作出笔记内容，然后不断优化。

再次找好选题。比如根据用户群体细分推荐，根据价钱推荐，选择能解决用户痛点的产品推荐，或者选择热门的产品推荐。在推荐的内容类型方面，可以是开箱、单品测评、合集推荐，或者结合场景表现等。

最后不要追求面面俱到。做好物分享不要什么赚钱推荐什么，什么好卖推荐什么，这样无法显示出独特性。有的人只做针对精准粉丝推荐单品，少即多，少即专业，反而容易变现。

总的来说，通过好物变现的类型有以下几个。

1. 带货

带货是一种很常见的变现方式，现在许多平台都可以带货，不仅是短视频平台，很多编写文章的平台也可以通过带货来变现。不过在这里还是推荐短视频平台带货，因为这类平台可以将你分享的物品的优点以视频的形式展现出来，能够让用户更好地看到具体效果，销量也会更高。当然，不要每条视频都去带货，这样会让刷视频的人觉得你是广告商。因此，在前期进入平台的时候，尽量不去带货，而只单纯分享好物，积累人气。

2. 商品橱窗

在平台上可以加入小黄车商品橱窗的功能，与店家进行合作卖货。像视频这种高效引流的方式，还是可以帮助店家提高不少销量的。在淘宝、火山视频一些平台都有商品橱窗的功能，用视频引流的方式来达成高销量,是一种比较直接的销售方式。

3. 视频播放量

视频播放量变现的方式非常简单,基本就是上传一下视频,坐等赚钱就可以。具体操作是,将你分享好物的视频上传到有播放量分成的平台,如哔哩哔哩、抖音等,就能根据播放量获得分成了。

做好物分享,无论是视频还是图文,都最好是原创;如果是混剪和搬运,很容易被平台封号,得不偿失。

知识付费

知识付费的本质,在于把知识变成产品或服务,以实现商业价值。知识付费有利于人们高效筛选信息,付费的同时也能够激励更多优质内容的生产。知识付费前几年有不少人做得风生水起,但目前,很多人觉得知识付费的红利期已过去,其实不然,知识付费仍是蓝海市场。因为知识付费的大赛道看似拥挤,但在行业的细分领域,解决某个问题的课程选题就太多了,随便拿一个出来,就可以作为撕开流量池口子的利器。

比如,人人都在做视频,而你要是选择做拍摄视频的器材与软件,就是选择更细分的领域;人人都在做读书博主,你可以选择做传统文化类的书籍推广;人人都在做亲子教育,你可以反过来做孩子如何"教育"父母。所以,只要会找选题,知识付费就永远是蓝海市场。

知识付费有两个核心本质:一是信息差。因为我国人口基数大,能力参差不齐，因而不是所有的人都会上网搜索，这就造成小部分人司空见惯的东西，但有大部分人还是不了解。而且，也不是所有人都能搜索到自己真正想要的东西，这就是信息差，有信息差就有知识付费变现的空间，关键在于能不能找到精准人群。二是如何把课卖好。目前市场上有两种卖课模式。第一种是精品课模式，简单来说就是把课程做成录播课，然后包装成一个主题，上架到某个知识付费平台进行售卖，比如得到、喜马拉雅上的课都属于这种模式，这种模式的课程单价一般不高。第二种是体验营低转高的模式，就是先做3~5天的低价或免费的课程训练营，让用户在这几天里体验一下，听听老师讲课激发他们的学习热情，建立起基础的信任感，然后通过老师直播销讲的方式去售卖正式课。这样的课程价格定价偏高，大多是2000元起步，如果配上其他的教学服务，价格就可以做得更高。具体选择哪种卖课模式，要从个人实际出发，如果你是个人IP博主，就走精品课模式；如果你是小团队，就可以做体验营低转高的模式。另外，也可以从你的课程内容特征出发，如果课程是实操性比较少偏理论型的，最好做第一种精品课模式。反之，如果实操性较强，就做第二种模式。

知识付费时代，有人认为卖教人赚钱的课程最好，如教人创业、理财、做短视频，这些本质上都是教人赚钱。实际不然，目前兴趣类的课程占知识付费总份额的50%以上，如养花、养鸟、钓鱼、写字、画画、弹琴等。当人们满足了基本的安全需求和生理需求后，就会追求精神需求。所以确切而言，那些痛点特别明显，好处特别明显，能够帮人解决实际问题的课程，或者能够起到缓解焦虑的作用，因此这些课程都很好卖。解决问题是实用价值，缓解焦虑是情绪价值。所以真正好卖的课程一定离不开这两点。此外，想要让课程好卖，在前期选题和策划的时候，要能准确抓住用户的痛点和需求。要知道，课程本身没有价值，课程能卖出去才能产生价值，但怎样卖出去，除了营销，重点是能解决别人的问题。

前期把课程打造出来后，选择什么类型的平台进行售卖也很关键。总的来说，主要有以下几个。

一是如果想要有免费的外部流量，就可以选择短视频平台自带的知识付费商城。在平台上销售课程，你可以通过在直播间挂链接和推流实现成交，然后平台抽佣。

二是不抽佣但收费的第三方专业平台，如海豚、小鹅通，优点是可以搭建属于自己的知识店铺，进行多渠道引流。缺点是费用高，对于新手来说不友好。

三是免费不抽佣的平台，比如千聊和荔枝微课，就是纯粹的工具，可以免费上架录播课、直播课等，也可以使用平台的打折、分销等功能来推广课程，但是流量要靠自己。

不论平台大小，适合自己才最重要。每个平台都有自己的符号标签，做公众号的人未必能玩转知乎，简书文章写得好的在分答做知识问答未必适合。因此找到属于自己的平台，先把一个平台打穿，做深做透，建立流量根据地，再兼做其他平台，才是正确的打法。作为一个知识内容输出者，渠道方在我们身上获利空间不断增大意味着我们的定价权也在变大。内容+流量=变现。有内容的人不一定有流量，有流量的人一定不缺内容。既然和渠道平台合作，就一定要有独特稀缺的内容，且要具有消费价值，至少在同类内容中有差异，找到自己的独特性。这样，即使你在某渠道获利极少也不要紧，因为会有其他渠道来找你合作。

通常，知识付费变现有以下四种模式。

第一种，打造自己的课程体系直接卖课变现。通过自己的知识体系打造出一套针对某类人的课程，做好课程上传，只要有人购买就会有销售额。

第二种，销售产品变现。产品永远是最实在的东西，那我们做知识付费的同时就可以把相关联的产品卖给消费者，比如做美妆知识付费，在教大家化妆的同时，就可以把化妆品卖给学员，让学员复制你的模式快速赚钱。

第三种，广告流量分成变现。你做出来的知识只要有播放量，只要广告有展现点击量就会有钱，有不少做知识付费的博主都依靠此赚到了钱。

第四种，商业广告变现。当你通过传播知识积累了粉丝，有很大的流量以后，你可以接商业广告。现在很多网红靠接商业广告实现了变现。

知识变现是一个长期的过程，必须长期坚持。此外，这个过程，也是自我成长蜕变的过程，量变才能引起质变。当你有一天突破自我、化蛹成蝶后，终会感谢之前自己的不放弃和每一分的努力的。

创造价值，打造社群经济

社群经济用最直白的语言表达就是在社群的基础上产生的经济效应。百度百科对"社群经济"一词的解释是这样的：互联网时代，一群有共同兴趣、认知、价值观的用户抱成团产生群蜂效应，一起互动、交流、协作等，对产品品牌本身产生反哺的价值关系。总的来说，它有这样几个关键点：第一，一群用户；第二，群蜂效应；第三，反哺。对比粉丝经济来看，更为突出的是群蜂效应和反哺，也就是前面所讲的产生经济效应。

很多人在做社群的时候，搞不清楚自己的社群定位和变现方式，从而将自己的群变成了僵尸群，没有了运营和变现的动力。

因此，在运营社群时，就要把发现价值、传递价值、价值变现形成一个闭环。将训练营教我们的知识进行实战，在社会中创造价值。我们可以创建的社群类型很多，比如，读书群、打卡群、行动群、写作群、英语学习群等，总之要结合自己的专业所长去建群。创建社群，意义重大。创建社群，就是发现价值、传递价值的过程，也是以教为学的过程，对自己能力的提升非常大。同时也是为社会、为用户创造价值的过程。而当你能为他人创造价值时，你自然就可以获得相应的金钱回报。如果你之前没有创建过自己的社群，那么就可以从陪伴社群、打卡社群、读书社群这些比较简单的社群类型开始。

收会员费是短期内变现收入的主要的方式，具体可以分为三种收费路径。

1. 免费到付费

当运营者对于服务或品牌价值没有足够的自信，可采用先创建免费社群，再通过后续服务和分层收取费用。

2. 付费到会员

可以花大量的时间在前期内容和服务投入上，以此吸引用户直接付费，成为会员。这种方式前期可以帮社群做筛选，保证了一定的社群成员质量。

3. 初级会员到高级会员

对社群进行初、高等级分类，为不同等级提供差异性服务，费用也不同。

绝大部分社群是行业群、兴趣群，所以相对应的课程都有市场。具体而言，社群付费的方式有以下几种。

1. 知识付费变现

（1）单次学习课程。社群里可以有一个主讲人，可以是社群群员，也可以是外聘的专业大咖，这样按单次学习进行课程设置。付费课程的内容，可以是基础常识，也可以是实操案例，要有难易之分。

（2）固定周期的付费课程。可以选择提前录好的课程，也可以选择群内直播的形式。付费课程的好处是可以重复多次使用、多次收费。课程的内容可以是基础常识，也可以是实操案例。

2. 咨询变现

以咨询费、服务费变现的社群，比较依赖个人IP，一般分为按次数收费和按时间收费两种。其中按次数收费就是客户每咨询一次收取一定的费用，按时间收费是以小时为单位定价，也可以按照年费咨询。此外还可以按项目进行收费，比如以某个个案、节点进行收费服务。

3. 活动变现

一个活跃且有价值的社群会经常举办各种类型的活动。活动收费一般有以下几种。

（1）报名费。比如一些常见的资源对接大会、专享的活动门票等，都是需要报名的。

（2）展会费。大部分资源型社群或偏重线下交付的社群，每个月都会定期举办各种资源对接大会，需要交付一定的参会费。

（3）冠名费。不管活动大小，只要有价值，就可以寻找到冠名伙伴，越是垂直且精准性越高的社群，其商业价值就越高，对于商家来说，就是精准获客。

4. 众筹变现

如果你拥有了精准的社群粉丝，那么可以通过项目式来进行众筹，就是一群人一起做同样的事情，然后盈利。比如，电影爱好者社区，可以通过各种协作完成电影的拍摄和发行，社区成员共同受益。

社群关系是基于互联网的新型人际关系，在此基础上产生的社群经济也成为一种新的商业模式，受到广泛关注。社群可以让互联网时代的用户基于共同的兴趣、认知和价值观形成一个群体，共同互动协作，与产品品牌本身产生反培育的价值关系。而且社区的私有域流量可以自由重复使用，随时可达，不需要支付任何费用。所以越来越多的企业，无论是做社群还是做教育，抑或是做垂直电商，都把社群作为变现的重要手段。

第 9 章
个人IP的成功离不开坚持和努力

超级个人IP离不开持续性输出

成功打造个人IP难的不是开始，而是坚持，一夜爆红的叫网红，但多数成功的个人IP都离不开兢兢业业、努力更新。粉丝涨得快的博主都是每日更新，且内容垂直，有着利他实用价值或情绪价值。

做什么事情不能三分钟热度，这样不可能做出成绩。确定了一个定位，还要问自己一个问题：能不能持续性地输出内容？如果三五个视频做完，就做不出了，这样肯定不行。数量很重要，先有量的积累才有最后由量到质的转变。无论在哪个平台做直播，想要打造自己的角色，想要给自己制造一个IP，都离不开持续性地学习、提升和输出。

这个时代，或者说未来的时代，个人IP非常值钱。但是却很少有人告诉你们，真正值钱的并不是个人IP，而是一个能持续生产内容的个人IP。因为只有持续生产内容的个人IP，才能持续获得精准流量，持续获得粉丝，持续获得信任，持续产生高转化、高利润、高复购。

我们前面也说了，个人IP需要你长期不断地去释放价值，重点是长期不断。个人IP是不可能因为你一两篇文章就起来的，起码得坚持3个月才能明显看到一些效果。那如何才能保证你能长期地释放价值呢？

很简单，就是找到你擅长的领域，也不需要你有多擅长，只要你比平常人多懂一点就可以。然后通过输出倒逼自己多输入。没有擅长的领域，那就找到你感兴趣的领域，通过不断地刻意练习让自己在这一领域变得越来越擅长。

其实不仅是个人IP，网络上的项目只要大家愿意去深耕一两年大都能有回报，只不过许多人比较浮躁，常常半途而废，比如做网站，恨不得明天就有流量，搞个一两个月不行，也就放弃了，这也是很多人在互联网上赚不到钱的原因……做互联网就是越佛系越好，只要你能忍得住刚开始一分钱没得赚的窘迫，坚持住，时间长了，网络自然会眷顾到你。

很多人对于打造个人IP抱着一种不切实际的幻想，以为只要做就能快速盈利。其实想做成功任何一件事都不是立竿见影的，如同罗马不是一天建成的，没有循序渐进的持续力，很难拿到结果。因此要有长线思维，用更长远的心态去看收益。

长远看待收益，有三层意思：

一是不要因为赚钱少而受挫，任何人都是先从赚小钱开始的。

二是不要想着快速收割，真正的大钱都源自真诚的服务和对等的价值付出。

三是鼓励自己，克服眼前的困难，要有长期的耐心。

我们看到的往往是成功创业者的故事，其实各行各业都充斥着诱惑，如果没有分辨的头脑，很容易步入陷阱。如果不思考自己想做什么，能做什么，该做什么，只是看人家做什么自己就做什么，看见什么好就尝试什么，那么就会失去自己的中心。其实适合一个人的道路，看似很多，实则很少。越是大牌明星戏路越窄，越是大的企业经营越专一，越是成功人士思路越清晰。这就是量体裁衣，精准定位。因此你只需要找到一条属于你的正确道路，集中火力，聚焦拿下即可。

对于个人IP的粉丝积累，无论是视频号还是写文章，都会觉得打造个人IP是件头疼的事，总觉得涨粉太慢，于是拍三五个小视频，写上几篇文章，没有人阅读和观看就放弃了。我们知道那些积累了上万、十几万甚至上百万粉丝的人，他们也是从最开始很少数人关注一步步走过来的。许多人的成功不是比他人更优秀，而是比他人更坚持，其他人都被他熬死了。越是在当下社会焦虑、行业焦虑的时候，就越要保持冷静，长远地去看和做。此外这里还要强调一点，长远看待收益，并不代表当前在收益上不作为，IP变现是一个持续的过程，也是一个优化的过程。

用更长远的眼光去看待收益就是一种长线思维，也就是在时间积累中获利。解读趋势和政策，看到一个行业未来会怎样，五年、十年后会走向哪里，并把精力放在能产生高价值的事情上，决定如何布局、怎么做，实现高质量的结果，这样就能走得稳，走得远。

不要急于求成，坚定不移走下去

当我们知道了自己要干什么，也知道了自己怎么干的时候，接下来就只剩下了两个字——"坚持"。打造个人IP跟打造品牌一样需要时间的沉淀，寄希望于一夜暴富或靠着一两个作品一夜成为网红都是妄想。

打造个人IP，是需要时间积累的，需要不断地精进自己的技能，成功不是一蹴而就的，从普通人到牛人的个人IP，需要日日不断之功，需要坚持不懈地努力，才能收获复利效应。

个人IP在创建的过程中，扮演了非常重要的角色，因此个人IP会形成同行之间的竞争壁垒，同行根本就没法轻易模仿。敢于把时间押注在打造个人IP上，能让自己具备不可替代性，而且随着时间的推移，能力越来越强，这是会赚钱的人的第一个核心特征，也是打造个人IP的秘密。

首先，用心去打磨一款靠谱的、有杠杆的产品。虽然刚开始有点慢，但当把产品打磨好后，便可以一劳永逸地赚钱了。其次，打造个人IP要善于用团队放大自己的能力，永远只做自己最擅长的事，把自己不擅长的事交给别人去做，并善于与别人合作。

不是成功了才会有坚持的动力，而是坚持下去才会有成功的可能。

比如你是家庭主妇，擅长做饭，那你就可以每天分享一道特色菜或者小吃，365天不重样，解决大家吃什么和怎么做的问题。不断分享你的厨艺，不断宣传你的标签，不断积累案例和粉丝，那你的个人品牌也就慢慢做起来了。你的标签是什么？是美食达人或者美食专家。个人品牌等同于你的产品或服务，当你有了个人IP，别人有需要的时候第一时间就会想到你。你的产品就是你做的美食。如果在周边范围内，可以做成熟食通过美团外卖来变现；如果扩大到全国范围销售，就可以做成袋装或罐装产品来变现。积累了粉丝，变现是水到渠成的事。

举个例子，有一个自媒体号，专门分享理财方面的知识。这个号主做理财顾问的时间比较短，于是评论区就有人说他经验少，懂点皮毛就出来卖弄。但是这个号主并没有因为被别人恶意评论失掉信心，还是坚持每天分享，短短一年多的时间，就积累了好几万粉丝，而且都是有理财需求的高质量粉丝，然后自然就有很多粉丝找他配置理财产品了。

这两个案例说明了什么？

（1）坚持做积累性的事情，量变引起质变，积累到一定阶段就会爆发。

（2）不一定要等到成了专家才去分享。你可以一边实践，一边分享，慢慢地你就成了专家。

（3）真正关注你的都是外行人，只要你分享的东西对他们有价值，他们就会持续关注你。

著名的影星凯瑟琳·赫本，12次获奥斯卡提名、4次获金奖，但她却一次都没有去过现场领奖。对此，她曾经说过这样一句话，她说："奖励对我来说无足轻重，工作就是对我最大的奖赏。"对于她来说，拍戏就是自己的生活，就是自己的奖励。只有你对一件事情从内心深处充满了热爱，愿意为此付出的时候才能得到你想要的结果。

不断学习，输出倒逼输入

无论在任何领域，不进则退。想要打造一个成功的个人IP，就需要不断输出，但输出的前提是输入。如果一个人在学习，他就可以保持一种发展的趋势，就可以让自己更具生命力。相反，如果停止学习，就不仅得不到发展，反而还会倒退，所谓的"学习如逆水行舟，不进则退"就是这个道理。

大部分人也许没有令人骄傲的学历，但可以拥有持续不断的学习的能力。学历代表的是过去的学习成果，学习力才能代表未来。屠呦呦获奖时发表感言说："不要追一匹马，你用追马的时间去种草，待春暖花开的时候，能吸引一批骏马来供你选择。"

这个时代没有终身的职业，只有终身的学习。越优秀的人，越懂得拥有学习力的重要性，持续的学习就是不断地为自己增值的过程。今天我们处于一个什么样的位置和形态并不重要，重要的是未来的几年里，你会用什么样的方式持续迭代。那些能掌控自己人生的人，无不是拥有学习力在自己的赛道中越跑越远的人。

在开始打造"托育星球"之前我就喜广泛涉猎各个领域的知识，自从开始系统性地从事幼教这个行业后，我的阅读频率和范围就变得更加明确，相比之前有了很大的提升。虽然我不是一个超级网红，也不是一个特别出名的大V，但希望我的分享能经得起提问，也可以为自己说出的话负责，所以我认为学习是一个人永不能止步的能力和需求。

我们知道有效的学习是用输出倒逼输入，那么怎么去做呢？

1. 打造个人知识库

大脑擅长思考而并不擅长记忆，如果读一本书不留下读书笔记的话，不到两个月基本上就忘差不多了。需要主动输出知识才能内化，搭建个人知识库其实非常简单，做一个分类的读书笔记，等于帮你制作了一个随身携带的第二大脑。如此你学习过的东西自然不会忘，而且还会因为不断输出而形成系统性的知识体系。

2. 输出

输出是可以讲给别人听也可以写出来，但无论哪种方式都能锻炼逻辑思维能力。而且，如果每天能够写点东西，不仅能改掉拖延症还会变得极度专注，这样也更接近成功。此外，在输出的过程中不但能收获粉丝，还会让自己获得第二次新知识的认知。

3. 选择一个领域深耕

无论你选择哪个领域打造个人 IP，如果你能把这个领域吃透并且深耕，就会成为这个领域的专家。否则你讲出来的便没有信服力，只是皮毛。由此要有方向和目的地看书、找资料、看视频，以研究课题的方式研究一个知识点。比如，想研究一下男女如何有效沟通（非职场），男生怎样更有魅力，我会去豆瓣读书、知乎选书，找出一些评价好、推荐多的书来看。这里作者也很重要，比如渡边淳一；去开放性的交流社区看网友的答案，比如天涯、贴吧、豆瓣、知乎都逛一逛，看看不同类型不同年龄阶段的人，是怎么看待这个问题的；找一找相关视频课程，如 TED、网易公开课等；读一些优质的自媒体文章；向身边的达人请教；等等。

4. 可以成为学习型的博主

如果刚开始你觉得自己很难坚持学习，就可以试着先成为一个学习型的博主，分享你的学习心得，这样你为了每天有可输出的东西，也就不得不逼着自己去学习。日久天长，你就真的成了一个学习型的人。此外，可以拍一些自己坚持早起、学习的小视频，拍一些自己学习前后有明显改变的视频等。还有，想要放弃的时候，想想还有不少粉丝等着你更新，你就会找到一个坚持下去的理由。这也是一个不错的动力保持法。

要成为积极的终身学习者，以前的成长模式是封闭、确定、连续性的，而如今，时代的发展日新月异，知识的迭代速度非常快，倒逼着我们用上帝视角看待自己的专长。我们在抖音、视频号等媒体输出内容时，可以提高输出和输入两方面的能力。对于 IP 博主来说，如果你的粉丝涉猎过一两本这方面的书籍，那么你就至少需要涉猎 20 本相关的书籍和资料。在做某一输出内容的前几天，就需要对这类知识进行集中输入，当你集中阅读20本相关书籍和资料后，就有迫不及待的表达欲，当这种表达欲达到峰值时，你输出的内容自然是最棒的。

不断学习的好处之一是还能使自己成为一个有信心、日日精进的人。想要成为一个超级IP，信心是必需的。有信心才会有死磕的精神，而创建个人IP，没有这个精神，就没有成功的条件。在成功规律上，有一个10万小时定律，就是你在一件事上死磕10万小时，必成。如果没有坚定的信心，你又何来的死磕呀？所以，信心才是成功的源头。

精进就是每天进步一点点。进步的前提是自知与反省，吾每日三省吾身，就是一种精进的方式。做直播，你不可能一下子就轻车熟路，但你需要的是今天的直播要比昨天进步一点点，这一点可能是一句问候语，可能是一个关键词，也可能是一个标志性的笑容又或是一个动作，总之你必须逐步优化、日日精进，才有可能在这个领域成为行家。

具备了信心再加上持续不断的进取与精进，无论做什么都会有成绩，这就是打造个人IP的基因。坚持朝那个方向努力，决不半途而废，这种精神本身就非常可贵。

跟有结果的人学习，借鉴失败的案例

有句话说，优秀的同行不是你的对手，反而是你最好的老师，是你的范本，找到他们，了解他们，分析他们，甚至可以模仿和复制他们，因为模仿、复制能大大缩短你的探索进程，是进入一个行业最快的方法。这就是对标的意义，你如果想打造某个领域的个人IP，不妨去这个领域寻找同行，看看他们是怎么做的，是如何成功的，然后你就要学习他们的长处，改进你认为的对方的短处，如此才会让自己成长。

绝大部分想打造个人品牌的人，都花了很多时间想象自己要成功，但是很少花时间去研究同行，看他们为了成功都付出了什么。所以，我们要有谦虚的学习态度和空杯心态，这也是行动力的基础，我们要一边学习一边去做。

同行是我们的引路人和探索者，他们已经花了时间和精力去试探了市场，尤其是那些已经成功的同行，说明他们的模式和方法值得学习，即使是失败的同行，也有引以为鉴之处。

跟有结果的人学习，简单理解就是在个人IP打造方面跟那些做出成绩并成了头部的人学习。跟他们学习什么呢？一是找和自己关键词相似的。不分行业不分领域，看通过这个关键词能从他人处获得什么。他的标签是什么。二是找现阶段涨粉快的。粉丝量是个绝对数，有太多因素构成，而涨粉量是相对数，更适合。三是找数据持续性好的。这个考验的是粉丝活跃度和内容持续输出性。四是找那些赚钱的同行。只有赚钱了，他所做的内容、选题、封面、阅读量才有意义，如果这个同行的账号不赚钱，那他的点赞量再多对于你来说也没有多大价值。在赚钱的基础上，跟同行学习内容、主题、文案、拍摄和呈现形式。看别人优质的内容，首先是看作品的开篇是怎样的，特别是视频内容，开头的黄金3秒到5秒是怎样的。要着重去分析这个开头，再看自己和别人的有什么不一样，记录下来。其次是看封面。不要总觉得你的和别人的差不多，别人的内容能够成为爆款肯定是有原因的。比如，封面足够吸睛，有噱头，对这套方法99%的人都说好，还不赶紧试试？

除了向有结果的同行学习之外，还要借鉴失败的案例。在打造个人IP

的路上，有少数的成功却有无数的失败，失败是大部分人都会面临的，所以不应该被嘲笑，而是应该被拿来学习，感谢他们的试错行为。

个人 IP 失败大概率离不开以下几种原因。

1. 看似招招鲜吃遍天，实际是没聚焦

个人 IP 应只有一个聚焦点，尤其是新手，必须选择一个垂直的行业持续输出一致性的内容，不要什么都想输出，结果成了看似"样样精通"，实际"样样稀松"。要有自己的长处和特色，集中精力从一点突破持续深耕，才有机会成功出圈。如果的确有多方面的专长，也一定要有所取舍，定位在一个最突出的专长上，再跟进其他标签的展现。

2. 以营销为目的

变现是所有 IP 必须立下的初心，但想要营销必须先做信任，没有信任的营销就像空中楼阁，整天发朋友圈也没用，粉丝会很快离你而去。如果没有价值输出，不能帮助粉丝解决实际问题，是很难把商品卖出去的。

3. 只顾照搬不懂原创

每一个成功的 IP 大部分是原创的内容，而失败的个人 IP 多数来自照搬或抄袭。只有自己输出的东西才能叫干货，否则再干也是别人的。群众的眼睛是雪亮的，如果你只是标题党，要不就是照搬别人的东西，那么一定会迷失个性特征，很快就会失去自己的核心竞争力而导致失败。

4. 三天打鱼两天晒网

成功的个人 IP 不一定天天发内容，但失败的个人 IP 肯定是那种三天打鱼两天晒网、吊儿郎当的状态。想要积累和沉淀用户，必须努力和勤奋，并且要有耐力和决心。如果你今天发了明天不发，那么对于粉丝来说你就可有可无。一旦粉丝发现别人的内容和你的差不多，就会"移情别恋"。

5. 为了红没有道德底线

有的账号为了拥有粉丝，就开始用其他途径买流量或进行数据造假。这样做不仅是对内容评价标准的一种破坏，也是对社会信誉的一种透支，会在很大程度上将自己引入急功近利的歧途。甚至还有不少知名的个人IP不守信用，欺诈消费者，这样的售卖假货的行为便会导致信任危机。当视频和直播的受欢迎程度不取决于作品本身是否优质、直播内容是否有营养，而是看谁花的钱多、谁雇的水军多，那么长此以往必然是"劣币驱逐良币"。平台和主播以及背后的数据推手，共同打造所谓头部网红，制造直播间虚假的繁荣，他们不会平白无故撒钱，被收割的只会是普通消费者。缺少优质作品，获得不了想要的产品体验，踩的坑多了，用户自然会用脚投票。因此，在打造个人IP的过程中，可以把步子迈得小一些，但不要做突破道德底线的事情。

6. 没有个性特点，只会贩卖鸡汤

鸡汤类的内容之前非常受欢迎，但随着人们认知的提升以及对于网络资讯的免疫，人们对于毫无价值的假话、大话、空话等类似的鸡汤文都不再感兴趣。做个人IP要有自己的个性特点，有属于自己的独特风格，而不是类似官方新闻发言人那样一板一眼，而是应该有自己的个人偏好。

学习了这些可能踩坑的个人IP模式，就等于是向失败学习，如此就可以提前做好规避。只有踏踏实实用心去做内容，用真诚之心去拉拢粉丝，用敬畏之心做IP，才能迎来成功的那一天。

通过IP打造形成个人品牌

在个人IP价值创业时代，持续不断地打造个人品牌，是未来自媒体职业发展的方向。个人品牌就是我们在人群中产生影响力，由此获得用户的认同感。个人IP就是用户愿意为你在某个领域的专业度而买单。所以，个人IP需要建立在个人品牌的基础上，否则你在某个领域即使非常专业，但是没有影响力，别人也不会认同你、信任你，这就没有任何意义。

我们每个人给别人留下的印象大部分是无意识的，属于本色出演。如果有计划、有策略地塑造自己的品牌，把自己当作一个产品来打造，甚至是一个作品来经营，成就良好的个人品牌形象，那我们就有了价值和意义。

所以，个人IP要通过长时间积累去形成个人品牌。品牌就是你给别人留下的印象，是通过一次次做人、做事、宣传而累积的他人对自己的一个印象，具有无限的价值。所以，我们每一个人、每一天所做的每一件事，都是在加深别人对自己的印象，从而也就决定了自己的前途和命运。一个良好的个人品牌价值多少？答案是无价的！美国管理学家汤姆·彼得斯指出："21世纪的工作生存法则，就是建立个人品牌。"个人品牌可以增强自己的竞争力，减少竞争对手的干扰；个人品牌让你与众不同、脱颖而出，让别人看到你独到的见解和非凡的创造力；个人品牌可以使你的客户放弃戒备心理，以守护神坛一样的忠诚之心，对你的品牌始终忠诚不贰。

因此，个人品牌是你迈向成功的关键。

从来没有一个时代像互联网时代一样，可以通过这么多维度去经营自己，利用品牌效应牵引个人价值。

大体来说，个人品牌的建设，有三种人才价值发展方向，具体如下。

1. 专精型的人才

如果一个人在个人IP的垂直领域纵深发展自己的专业和价值，就会被外界贴上一个"专家"的标签。他们的成功无一不是经过大量时间和工作经验的积累，而沉淀出最为专业的知识储备的。

2. 复合型人才

个人IP的打造除了在一个领域精通的人才之外，还有跨界成功的人，这样的人才是多元化身份的体现。复合型的人才需要强大的兴趣导向，还要有大量的时间来沉淀。

3. 多元化人才

多元化人才在多个方向上探索工作的自由化，需要从兴趣、爱好和自我需求出发。多元化人才没有固定的发展模式，也没有既定的职业规划。比如传统手工业的"匠人"，实行家族传承，一个人一生只做一件事。看起来是专业化定向培养人才，其实工作要求已经和个人需求高度统一，传承成为从业者的使命，专注制作小而美产品的理念已经深入骨髓，反而是一种极度"自由化"的工作，工作该怎么做全由自己决定，不受任何约束。

无论是哪一种人才，一旦形成特征就是一种个人品牌，当你意识到把自己看作是一个"品牌"的时候，怎么提升这个品牌价值，就是你要思考的事情。想要获得更好的实施，你需要对这个自己建立品牌定位。你最好给自己判定一个计划，或者结合自己的特长和能力，做一个自我定位，例如：

我想成为哪种类型的从业者？

我自身有什么特长？

我的个性适合什么样的发展？

我是否能够用这种能力创造出价值？

新媒体时代，每一个有个性、有能力、有特点的人，都有自带 IP 的 CEO，不论他们在舞台上表现得是优秀还是拙劣，至少在营销和与媒体、用户沟通层面，省去了很多成本。未来，尽管我们做不了"每个人都是自己的 CEO"，但起码可以在"每个个体都有自己的品牌"上做出更多尝试和可能性。

个人IP打造实现自流量创业

自媒体时代，打造个人 IP，就是做流量，这和我们做淘宝店铺的逻辑是一样的，当你店铺有流量的时候，你的销量就会越来越高，反之，可能就没有销量。所以，毫不夸张地讲，个人 IP 是超轻资产，不可复制，可以让你升值 1000 倍。并且，在未来 10 年，甚至更久，个人 IP 升值速度肯定跑得过房价，房价平均每年环比增长约 10%，但个人 IP 增值起步就是 100%。

这个时代，普通人创业的形式已经由之前必须开一家线下实体公司慢慢转移到了互联网上。从事实体需要雇用一个团队，而打造个人 IP 实现自流量创业则是从一个人到一个团队到一家公司，并且都伴随着 IP 影响力和创业规模的递增。打造个人IP就是一次创业。

创业是一场经验密集型的探索，是不断前行的追梦之路。在创业路上，我们都会遭遇很多问题，如思想意识、认知输入、实操输出、终身学习能力的提升、自我创新迭代、导师引领等。打造个人IP正是对这一系列问题的解决。

普通人逆风翻盘最大的机会就是互联网，不管在互联网上做什么赛道，做好个人IP是核心，运营自己，让自己值钱。

纵观时代的发展，在我们父辈创业的年代，正好赶上20世纪90年代改革的浪潮，那时候伴随房地产而来的实体经济机会遍地，只要胆子大就可以创业。后来到了21世纪初，进入电子门户网站时代，曾经的中国四大门户网站新浪、网易、搜狐、腾讯，是大家都耳熟能详的。这个时候很多互联网创业者都是从国外留学回来的、有技术背景的高学历人才。后来到了2010年，进入了以文字为主的社交媒体时代。这个时候，对于普通大众来说，接触社交媒体还有一定的创作门槛。一直到了2015年开始的知识付费，伴随着微信、公众号、微博、喜马拉雅等一系列自媒体的盛行，才使得越来越多的内容创业者进入这个赛道。从这里我们也可以看出来，中国商业，几乎每10年一个周期。到了2020年，互联网创业者的群体更加广泛。如今，只要有足够多的人看到，就能实现个人的价值，就可以变现；也有成为"大V"的可能性，不是因为学历高或能力强，而是因为打造出了个人的特色和影响力，这就是一种新时代的创业模式，靠着自有流量轻松实现赚钱。

创业的领域很多也很广泛，但专注一个细分的领域往往会让人成为细分领域的第一个被人记住的人。而且当自己有了品牌影响力之后就自带流量和广告，对创业者而言，这就是最终目标。假如一个人前期通过互联网平台积累了人脉，那么开始创业的时候就已经有了潜在的种子客户，会无形中降低自己的创业风险。

通过打造个人IP来实现创业成功，就是让我们不要去追求那些变化的风口项目，要追求以自我为中心，以自身为流量的不变的东西！要知道，赚钱项目永远在变，如果不能把握风口，但以自身为优势把握自己，以自身技能切入市场，那么也便把握了长久的优势。而且你也不必担心自己技能不够，因为互联网太大了，你以为你的水平在业内不算专业，但是这世界上还有很多人不如你，对于某一方面，是完全一窍不通的。你就可以通过这个技能去影响他人，你所需要的只是一个引流平台而已，你需要做的就是学习怎么通过这个平台把自己的技能销售出去！

后记：作者故事

该书接近尾声的时候，我想写写我自己的故事。

我生于 1987 年，湖北黄冈人。很多人以为我是文科生，其实我高中和大学学的都是理工科，只不过我从小就很喜欢文学，初中时就向杂志社投稿，高中时就出版了自己的短篇小说，当时经常投稿到《散文诗》《萌芽》等杂志。每次看到自己的作品刊登在报纸杂志等印刷品上，就很高兴。大学期间，我对文学的热爱到达顶峰，2009 年的时候我每个月的稿费都可以达到 1200 元。

2012 年，凭借出色的作品和写作功底，我被江西省级媒体聘用，开始担任记者、编辑和活动策划等不同岗位工作。2014 年，微信公众号上线不久，我开始第一时间选择打造公众号并学习怎样运营公众号，摸索出了很多经验，也学习了很多互联网传媒方法和技巧。这些经验，在后来负责报社一个关于早期教育机构的行业调查时，帮助我吸引到一批重视用公众号做品牌营销的早教机构，也使得我根据自己的专业，成功晋级为幼教行业的营销顾问，这也是我最初与早教领域结缘的身份。

最开始，我帮助江西一批早教机构运营公众号，策划了类似于"票选萌宝"的线上活动。那时候这种活动很火爆，一晚上可以涨近 10 万粉丝。由于帮助早教机构做品牌营销活动取得了成功，很快便在早教圈获得了知名度，甚至开始破圈，不断有论坛和机构邀请我去开课分享运营和营销经验。那时感觉选择自己喜欢的领域，成长和进步特别迅速。我记得很清楚，大冬天我去北京讲课，当时3680元的课程，我一个人讲了三天，北京中关村很多互联网科技公司的人都来报名学习，每次报名人数都有80多人，正是这些课程的收入，让我拥有了可供创业的第一桶金。

接触早教行业后，我发现这个行业远没有自己想象中那么规范有序，我想这正好是一个机会。尤其当时国家大力推进"大众创业，万众创新"，迎来新一轮的创业大潮。我觉得我应该能在早教行业做点事情。

在创业起步阶段，主营业务是帮早教机构品牌做公众号代运营，不过，这个阶段只持续了一年多就放弃了，原因是不少机构需要个性化定制，我根本忙不过来，团队也跟不上。2016年9月，我觉得要把自己的精力用在做早教行业的垂直媒体品牌上。于是，说干就干，我注册了公众号"早幼教公社"，成为公众号主理人。我不是早教专家，也没有流量，怎么做垂直账号呢？我的方法就是采访行业高手，不管是普通早教创业者，还是专家学者，我一个个去采访，把他们的言论、观点和故事记录下来，在公众号发布。慢慢地，我开始有了粉丝和用户。有了用户，自然就要思考如何变现的问题。早幼教公社最初是用下园帮扶和线下活动来连接存量用户变现的，然而，业务一天比一天红火，新的焦虑又来了，我发现南昌不适合再待下去了。

2017年我又做了一个大胆的决定，放弃南昌去广州，去人才更多、机会更多的地方，让早幼教公社可以走得更久，更远。

广州，的确没有让我失望。一个媲美国际化都市的包容城市，使得我的早幼教公社在这里更有活力，驶入了一条扩张的快车道。从2017年开始，早幼教公社开始频繁举办线下活动，最多的时候一年举办超过100场，其中还有10余场千人规模的行业峰会。到2019年，早幼教公社已经成为行业头部媒体，公司也从原来我一个人，扩张到超过60个人。

从2019年开始，"托育"开始盛行，做托育，政府有补助，市场有需求，也可以申请到合法执照，于是很多早教人开始转型做托育机构，加上"早幼教公社"迟迟未能申请到商标，于是我便决定成立垂直托育自媒体平台——托育星球。

托育星球定位全国托育行业自媒体平台，一开始我们就采访头部品牌创始人。正因为这种高举高打，持续输出优质内容，再加上前期流量积累，使得"托育星球"成为中国托育行业头部自媒体平台，各地卫健委、高校、协会、创业者等纷纷关注我们！我们在抖音、视频号、公众号、社群累计超过百万粉丝。这些粉丝大部分都是国内垂直托育早教行业的创业者，可以说非常细分垂直和聚焦。

在商业模式上，我们以"托育星球"为载体，将公司主营业务聚焦在"流量建设+线下活动+品牌IP打造"三大板块，具体来看——

流量建设，用图文、视频、直播、社群、知识付费微课等，搭建立体传播体系，利用各平台的算法规则，让优质的内容精准地传递到行业用户面前；

线下活动，我们在全国30多个城市开展行业论坛、峰会、培训，还增加了私董会、海外游学等满足行业高端客户需求的精品项目；

品牌IP打造，是上述两项的终极落点，我们会帮品牌客户制作一套整合营销推广方案，通过线上+线下的多维活动增加品牌曝光率，帮助品牌更好地进行IP包装与传播。

轻装上阵的我，在"托育星球"这个平台上跟很多行业大咖成了朋友，组织行业峰会和海外游学，还开展直播带货，在赋能行业品牌的同时，接连打造了"齐胜精英访谈""齐胜直播间""托育星球私董会"等多个经典栏目，在行业影响力巨大，也给很多关注我的粉丝带来了知识点和启发。

从2016年正式创业至今，在托育行业摸爬滚打了7个年头，颇有感触，我认为，我是幸运的，是这个时代给予了我机会，也是因为我热爱早教事业而得到了市场的成全。虽然在创业过程中也走了不少弯路，但是总体看来我还是很满意的，三年疫情不仅对我们业务影响不大，更让我们占据了互联网传播优势，公司利润没有减少反倒提升，越来越多的客户自己找上门来跟我们合作。此外，我还受抖音官方平台邀请给几万家企业分享如何打造企业家IP，还被北京师范大学、安徽师范大学、陕西学前师范学院等邀请前去分享讲课，同时也被多地卫健委、托育协会聘为顾问，还出版了几本行业畅销书籍，可以说是"名利双收"。

写了这么多，我不是在这里炫耀我的成功，而是想告诉大家，如果方法对了，付出终究是有回报的。当然这背后也有太多的辛酸历程，我经常熬夜坚持写稿子，几年时间原创作品就1000多篇，有时候咳嗽得不行，还得扯着嗓子做直播。自己写脚本，自己直播，自己创作，自己维护，我是公司最前端的引流IP，也是最大的商务销售，更是最大的后端服务。

而最难的事情不是内容创作，也不是你是否勤奋，更不是你认识多少资源，而是坚持！365天的内容坚持，十年如一日的内容输出，每天都要发声，保持新鲜感、敏锐度，跟粉丝成为朋友，跟时间成为朋友，长期的坚持和日积月累，铁杵也能磨成针！

我最喜欢苏轼的《定风波》，其中有一句是"回首向来萧瑟处，归去，也无风雨也无晴"。创业这条荆棘满布的路，从来都没有捷径可走，也没有谁去给你铺好路，当你迷茫和未知的时候，你只有鼓起勇气往前冲。鲁迅先生也说过，路是走出来的。当你认准方向，坚持、坚定地走下去，自信地绽放，总有那么一天，会蝴蝶环绕！

因为我一路这样走来，深知打造个人IP的个中艰难与收获的幸福，所以写下本书，希望每个人都能找到自己的独特赛道，不忘初心，打造出真正属于自己的个人品牌，走一条属于自己的创业之路。